예수님의 이름

워렌 W. 위어스비

예수님의 이름
The NAMES of Jesus

2008년 도서출판 은성
초판 발행: 1998년 1월
재판 발행: 2008년 5월 30일
저자: 워렌 W. 위어스비
역자: 장미숙
발행처: 도서출판 은성
등록: 1974년 12월 9일 제 9-66호
주소: 서울시 강동구 성내동 538-9
전화: (02) 477-4404
팩스: (02) 477-4405
출판 및 판매에 관한 모든 권한은 본 출판사가 소유하고 있습니다. 출판사의 사전 서면 허락 없이 상업적인 목적으로 번역, 재제작, 인용, 촬영, 녹음 등을 할 수 없음을 알려드립니다.
Printed in Korea
ISBN: 89-7236-188-7 33230
http://www.eunsungpub.co.kr

Originally published in English under the title: The Names of JESUS by Warren W. Wiersbe in 1997. All rights to this book, not specifically assigned herein, are reserved by the copyright owner. All non-English rights are contracted exclusively through Baker Book House, Post Office Box 6287, Grand Rapids, MI 49516-6287, U. S. A.

예수님의 이름

신구약의 예수님의 이름을 통해 알아보는
예수님의 성품과 사역

C O N T E N T S

저자 서언 6
서   문 이름 속에는 무엇이 있나? 7

제1부 이사야 9장 6절에 나온 예수님의 이름

1. 기묘자 19

2. 모사 38

3. 전능하신 하나님 56

4. 영존하시는 아버지 74

5. 평강의 왕 94

제2부 신약 성경에 나온 예수님의 이름

6. 나사렛 사람 113

7. 개척자 127

8. 목수 143

9. 우리의 보증 158

10. 알파와 오메가 175

11. 어린 양 188

12. 맏아들 205

13. 임마누엘 220

14. 예수 237

후기 우리의 이름은 무엇인가? 251

주 255

| 저 자 서 언 |

　이 책 첫 부분의 다섯 주제는 원래 틴데일 하우스(Tyndale House)에서 His Name Is Wonderful이라는 제목으로 출판되었다. 그 책은 현재 절판되었으나, 수년간 많은 사람들이 그 연구들에 대한 사의(謝意)를 표현해 왔기 때문에, 나는 그것들을 포함시키는 것이 좋을 것으로 생각하였다. 무엇보다 그것들은 우리 주님의 가장 중요한 이름 다섯을 다룬다.

　둘째 부분의 연구들은 원래 라디오 방송으로 하였으며, The Wonderful Names of Jesus란 책자로 출판되었다. 나는 그것들을 수정하고 확대하여 이 책을 만들었다. 그러나 라디오 방송의 비형식적인 스타일은 보유하였다.

　주님의 이름이 영원히 영광받으시길 기원하며…

워렌 W. 위어스비

| 서 문 |

이름 속에는 무엇이 있나?

 세익스피어의 유명한 연극 중에 줄리엣이 로미오에게 이같이 질문하고 스스로 답하는 장면이 있다. "이름 속에는 무엇이 있나요? 우리가 장미로 부르는 것은 다른 낱말로도 그처럼 달콤한 향기를 낼 텐데요."
 그럴 수도 있다. 줄리엣의 말이 맞을 수도 있다. 그러나 당신과 나와 로미오는 식물이 아니라 사람이며, 우리는 우리의 이름이 무엇인지 안다. 이름은 각각 분명히 차이를 가지고 있다. 그렇지 않다면 사람들이 자신들의 이름을 바꾸기 위해 법정에 가며, 많은 부모들이 그들의 자녀들의 이름을 짓기 위해 고심하는 이유가 무엇이겠는가? 어린 시절에 우리 중 많은 이들은 우리 부모가 우리에게 지어 준 이름에 대해 불평하고, 누군가가 우리에게 별명을 지어 준 것을 고마워했을 것이다. 상대방의 이름을 가지고 농담을 하는 것은 전쟁을 선포하는 것과 다름없을 때가 있다. 이름들은 차이가 있다— 장미에게는 그렇지 않을지 몰라도, 적어도 사람들에게는 그렇다.

성경의 세계로 들어갈 때 이름은 특히 중요하다. 하나님은 첫 사람을 "아담"으로 부르셨는데, 그것은 그가 땅의 흙으로 만들어졌기 때문이었다(창 1:26-27-히브리어로 "아담"은 "땅"을 의미한다). 하나님은 아브람의 이름을 "아브라함"으로 바꾸셨는데, 후자는 "여러 민족의 아버지"를 의미하는 것으로(창 17:5-8) 그 족장을 묘사하기에 완벽한 이름이었다. 하나님께서 연로한 아브라함과 사라에게 그들이 아들을 낳을 것을 말씀하셨을 때, 그들은 웃었다. 그래서 그들의 아들은 "웃음"을 뜻하는 "이삭"이라 불렸다(창 17:19; 21:1-7).

이보다 훨씬 슬픈 경우도 있었다. 그것은 라헬이 그의 아들의 이름을 "슬픔의 아들"을 의미하는 "베노니"로 부른 때였다(창 35:16-20). 물론 그녀가 그 이름을 골랐을 때, 그녀는 죽어 가고 있었다. 그러나 어떤 소년에게라도 "슬픔의 아들"이란 이름은 너무나도 가혹한 이름일 것이다. 자신의 탄생이 어머니를 죽게 하였다는 뜻의 이름을 일생 지니고 산다고 상상해 보라. 야곱은 현명하게 그 이름을 "나의 오른손의 아들"을 의미하는 "베냐민"으로 바꾸었다.

예수님은 시몬의 이름을 "반석"을 의미하는 "베드로"로 바꾸셨다(요 1:40-42). 그 당시에 덩치 큰 어부는 정처없는 모래에 더 가까워 보였을 수 있다. 그러나 예수님은 그가 가진 잠재력을 보고 그를 도와 그의 새로운 이름에 걸맞게 살게 하셨다.

그렇다. 성경의 세계에서 이름들은 차이를 지니며, 그 중에서도 매우 중요한 이름들은 우리 주님과 관련된 이름들이다. "아들을 낳으리니 이름을 예수라 하라 이는 그가 자기 백성을 저희 죄에서 구원할 자이심이라"(마 1:21). "예수"는 히브리 이름 "여호수아"의 헬라어 어형이며, 둘 다 "여호와는 구원이시다"를 의미한다. 성경에는 예수 그리스도의 이름과 호칭들이 수백 개 나오며, 그 각각은 우리에게 예수 그리스도 그분 자신이 어떤 분이신지, 그가 우리를 위해 무엇을 하기를 원하시는지를 이중으로 계시한다. 그가 지니신 각 이름들은 그가 베푸시는 축복을 가리키며, 우리는 믿음으로 이 축복을 누릴 수 있다.

예수님이 탄생하시기 700년 전에, 선지자 이사야는 그가 오실 것을 보았다. 그의 기록이 이사야 9:6에 나온다.

> "이는 한 아기가 우리에게 났고 한 아들을 우리에게 주신 바 되었는데 그 어깨에는 정사를 메었고 그 이름은 기묘자라, 모사라, 전능하신 하나님이라, 영존하시는 아버지라, 평강의 왕이라 할 것임이라."

이사야는 이 아기가 특별한 것을 보았다. 이는 그가 "났고"(born) 또 그가 "주신 바"(given) 되었기 때문이었다. 다시 말해, 이 아기는 하나님이신 동시에 사람이셨다. 사람으로서, 그는 태어나셔서 우리와 같은 인성을 지니셨다. 그러나 그는 죄가 없으셨다. 하나님으로서, 그는 주신 바 되었다-그는 죄 많은 세상에 주신 성부 하나님의 사랑의 선물이셨다. 이 아기는 인간의 몸을 입은 하나님이셨다.

이 아기가 무엇을 할 것인가? 그는 자라나서, 언젠가 인류를 다스리는 정사를 그 어깨에 메고, 혼란과 전쟁으로 가득한 세상에 질서와 평화를 가져올 것이다. 그러나 정사를 그 어깨에 메기 전에, 그는 먼저 십자가를 어깨에 지고, 세상의 죄를 그의 몸에 담당한 채 십자가 위에서 죽으실 것이었다. 그는 왕 중의 왕으로서 영광의 왕관을 쓰기 전에, 수치스러운 가시관을 쓰시고 세상의 죄를 위한 희생 제물로 자신의 생명을 주셔야 했다. 유다 지파의 왕 같은 사자는 먼저 비천한 하나님의 어린 양으로 오셔야 했다. 이는 죄의 빚이 청산되어야 비로소 하나님의 의의 나라가 세워질 수 있었기 때문이다.

이사야 9:6에서 "주신 바"란 낱말과 "정사"란 낱말은 단지 몇 자 간격으로 떨어져 있으나, 그 간격은 현재까지 1900년 이상의 역사를 담고 있다. 예수 그리스도는 땅에서 그의 사역을 마치시고 하늘로 돌아가셨으며, 다시 오실 것을 약속하셨다. 언젠가 그는 이 땅에 돌아오셔서 정사를 그의 어깨에 멜 것이다. 이사야는 그 사건도 역시 보았다. 이 약속들을 깊이 생각해 보라.

> "그 정사와 평강의 더함이 무궁하며 또 다윗의 왕좌와 그의 나라에 군림하여 그 나라를 굳게 세우고 지금 이후로 영원히 정의와 공의로 그것을 보존하실 것이라 만군의 여호와의 열심이 이를 이루시리라"(9:7).

> "공의로 가난한 자를 심판하며…이리가 어린 양과 함께 살며 표범이 어린 염소와 함께 누우며 송아지와 어린 사자와 살진 짐승이 함께 있어 어린 아이에게 끌리며…내 거룩한 산 모든 곳에서 해 됨도 없고 상함도 없을 것이니 이는 물이 바다를 덮

음 같이 여호와를 아는 지식이 세상에 충만할 것임이니라"(11:4, 6, 9).

"그 때에 맹인의 눈이 밝을 것이며 못 듣는 사람의 귀가 열릴 것이며 그 때에 저는 자는 사슴 같이 뛸 것이며 말 못하는 자의 혀는 노래하리니 이는 광야에서 물이 솟겠고 사막에서 시내가 흐를 것임이라…여호와의 속량함을 받은 자들이 돌아오되 노래하며 시온에 이르러 그들의 머리 위에 영영한 희락을 띠고 기쁨과 즐거움을 얻으리니 슬픔과 탄식이 사라지리로다"(33:5-6, 10).

예수 그리스도가 돌아오셔서 그의 어깨에 정사를 메실 때, 이 땅은 얼마나 놀랍고 멋진 곳이 될 것인가? 그런데 우리가 그의 통치를 누릴 수 있기 위해 그 때까지 기다려야 하는가? 아니다. 우리는 오늘 우리의 삶의 주권을 그에게 맡길 수 있다. 그리고 우리가 그렇게 할 때, 그의 이름들 속에 표현된 모든 것이—"기묘자, 모사, 전능하신 하나님, 영존하시는 아버지, 평강의 왕"—우리 자신의 일상적인 경험에서 실제가 된다.

그의 이름은 기묘자(wonderful)이다. 이것은 삶의 권태를 제거한다. 흥미와 즐거움을 얻기 위해 더 이상 우리는 세상의 값싼 대용물들에 의지하여 살 필요가 없다. 예수 그리스도는, 기묘자가 그의 이름이기 때문에, 모든 것을 경이롭게 만드신다.

그의 이름은 모사이다. 이것은 삶의 결정들을 돕는다. 삶의 문제들이 더 이상 우리를 당황시키거나 마비시키지 않는다. 우리의 모사 예수 그리스도는 우리가 올바른 결정들을 내리는 데 필요한 지혜가 되시기 때문이다.

그의 이름은 전능하신 하나님이다. 이것은 삶의 요구들을 처리한다. 삶은 우리에게 많은 것을 요구한다. 때때로 우리는 포기하고 싶고 어딘가로 달아나 숨고 싶다. 그러나 예수 그리스도를 통하여, 우리는 용기 있게 삶을 직면할 수 있고, 물러나지 않고 끝까지 나아가는 데 필요한 새 힘을 얻을 수 있다.

그의 이름은 영존하시는 아버지이다. 이것은 삶의 차원들과 관계한다. 우리 자신과 우리가 하는 일이 영원에 속하게 된다. 삶의 주권이 예수 그리스도의 어깨에 있을 때, 그를 통하여 완전히 새로운 차원의 삶이 우리의 것이 된다.

그의 이름은 평강의 왕이다. 이것은 사람의 훼방들을 처리한다. 삶의 폭풍우 속에서 우리는 얼마나 내적인 평강을 갈망하는가? 위협적인 세상에서 마음의 안정과 자신감을 얻는 다면 우리가 무엇인들 주지 않을까? 그 대답은 예수 그리스도, 평강의 왕이시다. 그가 우리의 삶의 주권을 맡으실 때, 그는 우리에게 모든 지각에 뛰어난 평강을 주신다.

우리가 예수 그리스도를 우리의 구주로 믿는다고 고백하면서 여전히 우리가 좋아하는 방식대로 산다면, 무언가 잘못되어 있다. 그 고백이 거짓되거나 아니면 예수 그리스도에 대한 우리의 이해가 거짓될 수 있다. 우리는 우리의 모든 것을 그에게 복종시켜야 하며, 그로 하여금 우리의 삶의 주인이 되게 해야 한다. 우리는 믿음으로 우리의 삶의 주권을 그의 어깨에 맡겨야 한다.

개인적으로, 그것은 우리의 몸을 "산 제물"로 그에게 드리는 것을 의미한다(롬 12:1). 그것은 그가 우리의 몸으로 걸으시고 우리의 몸을 통해 일하셔서 그의 목적을 이 땅에 이루실 수 있게 하기 위함이다. 그것은 또 우리의 마음을 복종하여 그의 말씀에서 그의 진리를 배우는 것을 의미하기도 한다. "너희는 이 세대를 본받지 말고 오직 마음을 새롭게 함으로 변화를 받아…"(롬 12:2).

그것은 또 그리스도께 우리의 의지를 드리는 것을 의미한다. "하나님의 선하시고 기뻐하시고 온전하신 뜻이 무엇인지

분별하도록 하라"(롬 12:2).

마지막으로, 그것은 그에게 우리의 마음과 사랑을 드리는 것을 의미한다. "너희가 나를 사랑하면 나의 계명을 지키리라"(요 14:15). 그가 우리의 몸과 마음과 뜻과 사랑을 받으실 때, 주권이 그의 어깨에 있을 것이기 때문에 그는 우리의 삶을 다스리실 수 있다.

예수님이 우리의 삶을 다스리실 때, 우리는 "한 분 예수 그리스도를 통하여 생명 안에서 왕 노릇"하기 시작한다(롬 5:17). 예수님은 보좌를 버리도록 요구하지 않으신다. 그렇게 되면 개성도 능력도 없는 꼭두각시 인형에 불과하게 될 것이기 때문이다. 그가 요구하시는 전부는 그에게 우리와 더불어 그 보좌에 앉으시도록 허락하는 것이다. 그렇게 할 때, 우리는 삶의 도전들에 대응하며, 삶의 문제들을 해결하고, 삶의 목적들을 성취할 수 있다. 예수님은, 마치 우리가 생명 없는 로봇인 것처럼, 우리를 대신하여 그것을 하지 않으신다. 또 마치 우리가 한 것은 가치가 없는 것처럼 무시하고 그것을 다시 행하지도 않으신다. 오히려 우리가 예배하고 기도하며 말씀을 묵상하고 성령의 능력으로 그에게 순종할 때, 우리를 통하여 그것을 행하신다.

만약 이전에 한 번도 이런 걸음을 취한 적이 없다면 바로 지금, 믿음으로 우리의 삶의 주권을 그의 손과 그의 어깨에 맡기라. 예수님께 그 대가가 무엇일지라도 "생명 안에서 왕 노릇"하기를 원한다는 것을 말씀드리라.

제 · 1 · 부
이사야 9장 6절에 나온 예수님의 이름

1 기묘자

"그의 이름은 기묘자라…." 이것은 삶의 권태를 제거한다. 왜냐하면 "주는 기이한 일(奇事)을 행하신 하나님"이시기 때문이다(시 77:14).

버트란드 러셀(Bertrand Russell)은 "적어도 인류의 죄악의 반"은 권태를 두려워한 데서 생겨났다고 주장하였다. 아마 이것은 어른들이 짓는 부류의 죄들을 왜 아이들은 짓지 않는지를 설명해 줄 것이다. 이는 대부분의 아이들은 기사(wonders)로 가득한 세상에 살기 때문이다(이하에서 "기사"는 의미의 보다 분명한 전달을 위해 동의어인 "경이로움"으로 번역함을 밝힌다—역주). 아이는 나비가 꽃 위에 앉아 있는 것이나 물고기가 연못에서 헤엄치는 것을 유심히 쳐다볼 수 있고 지극히 만족할 수 있다. 예수님이 어른들에게 "너희가 돌이켜 어린 아이들과 같이 되지 아니하면 결단코 천국에 들어가지 못하리라"(마 18:3)라고 경고하셨을 때, 그는 아마 이것을 염두에 두셨을 것이다.

오늘날 우리는 현대 과학의 기적들로 둘러싸여 있다. 그럼에도 사람들은 권태를 느끼고 있으며, 몇몇 이들은 스스로 목숨을 끊을 만큼 그 정도가 심하다. 인구 팽창 문제가 심각하면서 또 다른 한편에서는 수백만의 사람들이 고독과 권태로 인해 서서히 죽어가고 있다. 도시에는 사람들로 북적인다. 그럼에도 마음은 공허하다. 헨리 데이빗 쏘로우(Henry David Thoreau)는 도시를 "수많은 사람들이 함께 외로운 곳"으로 설명하기도 하였다. 자극적인 전자 공학의 신기로 가득한 세상에서, 우리는 삶이 흥미로울 것으로 생각할 수 있다. 그러나 많은 사람들에게 있어, 삶은 단조롭고 지루할 뿐이다. 그들은 새로운 장난감을 찾으나, 신기함이 주는 놀라움이 식어 버리면 다시 옛 상태로 돌아간다. 확실히 무언가 잘못되어 있다.

경이로움과 신기함

 가장 기본적인 질문에서 시작해 보자. 경이로움이란 무엇인가? "경이로움"이란 낱말을 둘러싸고 경탄, 놀람, 경악, 경외, 숭앙, 심지어는 당황, 또는 예배 등 서로 다른 많은 개념들이 연결되어 있다. 이사야가 사용한 그 히브리어 낱말은 "분리하다. 구별하다"를 의미한다. 구약 전체에 걸쳐, 그것은 흥미로운 방식으로 여러 번 번역된다. 놀라운, 숨겨진, 너무 높은, 너무 어려운 기적 등, 그것이 지니는 기본적인 의미는 "독특하고 다름"이다.

 그러나 우리는 "경이로움"을 우리를 잘못 인도할 수 있는 몇몇 개념들과 반드시 구분해야 한다. 참된 경이로움은 깊이를 가진다. 그것은 얕은 감정이나 일시적인 흥분이 아니다. 경이로움은 꿰뚫는다. 그것은 자극적이고 선정적인 것보다 훨씬 더 깊이가 있다. 왜냐하면 경이로움은 가치를 지니기 때문이다. 그것은 값싼 오락이 아니다. 사람이 참된 경이로움을 경험할 때, 그것은 그를 부요하게 하고 그를 더 나은 사람으로 만든다. 참된 경이로움은 우리에게서 최상의 것을 끌어내고 또 최상의 것을 우리 속에 넣어 준다. 참된 경이로움은 우리 속에 겸손을 창조한다. 우리는 우리 자신들 속에서 하나님의 위대하심과 인간의 비천함을 감지하고 압도당한다. 다윗은 이런 느낌을 알았다. "주의 손가락으로 만드신 주의 하늘과 주의 베풀어 두신 달과 별들을 내가 보오니 사람이 무엇이기에 주께서 그를 생각하시며 인자가 무엇이기에 주께서 그를 돌보시나이까"(시 8:3-4).

많은 사람들이 경이로움은 무지에 근거한다는 그릇된 생각을 하고 있다. 그들은 "무지한 야만인을 큰 도시에 데리고 온다면 그가 보는 모든 것이 놀라울 것이다"라고 한다. 그러나 참된 경이로움은 무지가 아니라 지식에 근거한다. 우리가 더 많이 알면 알수록, 우리는 더욱 놀라게 된다. 경이로움의 이 순진한 특성은 순수한 무지에 근거하는 것이 아니라, 실재에 대한 호기심 많은 지적인 태도에 근거한다.

지혜로운 사람들은 그들이 실제로 알고 있는 바가 얼마나 적은지를 기꺼이 고백한다. 오직 하나 하나의 진리가 모여 강을 이루고, 그 강을 따라 우리는 깊이를 측량할 수 없는 광대한 지식의 바다에 이른다. 신기함에 대한 흥분은 일단 신기함이 설명되고 이해되면 지나간다. 그러나 경이로움은 지식이 증가할 때 더욱 더 깊어진다. 영국의 수학자이자 과학자인 뉴턴(Isaac Newton)은 이렇게 썼다. "내가 보기에 나는 해변에서 놀면서 진리의 대양은 내 앞에 완전히 미지로 남겨진 채, 때때로 보통보다 좀더 매끄러운 조약돌이나 예쁜 조가비를 찾으려는 아이와 같았다." 또 아인슈타인(Albert Einstein)은 다음과 같이 표현했다. "우리가 경험할 수 있는 가장 아름다운 것은 신비로운 것이다. 그것을 알지 못하는 자는 더 이상 놀랄 수 없고 더 이상 경탄할 수 없고, 죽음과 같으며 불꺼진 양초와 같다."

마지막으로 참된 경이로움은 지, 정, 의의 전 인격을 소유한다. 경이로움은 지성을 당황케 하거나 감정을 자극하는 어떤 고립된 경험이 아니다. 참된 경이로움은 전 인격을 사로잡는다. 그렇지 않으면, 그 경험은 단순히 일시적인 오락에 불과한 신기함이나 놀라움에 지나지 않는다. 이것은 참 경이로움이 삶의 태도이지, 장애물이나 고립된 사건이 아니기 때문이다. 어린 아이와 같은 경이로움 속에 사는 사람은 언제나 이렇게 산다. 경이로움은 라디오와 같이 우리가 껐다 켰다 하는 것이 아니다. 참된 경이로움은 모든 순간에서 삶의 총체적인 조망이며 태도이다. 다시 말해, 우리 존재의 모든 것이 모든 순간에 경이와 관련된다. 요즈음에는 이런 경이로움을 발견하기 어렵다.

경이로움의 대용물

오늘 우리들의 세상에는 그토록 참된 경이로움이 적은 이유는 무엇인가? 그 한 가지 이유는 하나님이 만드신 세상이 대부분의 사람들에게 실망을 주고 있기 때문이다. 삶의 모든 영역에서 우리는 오직 문제들만 보는 것 같다. 저임금, 높은 물가, 인종차별, 정치적 부도덕, 빈민굴과 스모그와 공해, 위선 -나열하자면 한이 없다. 선한 이들이 고통을 겪고 악한 이들이 성공하는 것으로 보인다. "무슨 소용이랴"와 같은 태도를 기르고, 냉소적이 되며, 우리 나름의 작은 껍데기 속에 칩거하고 나머지 세상이 제멋대로 지나도록 내버려두기가 매우 쉽다.

그러나 오늘날 우리가 경이로움을 상실하고 있는 참된 이유는 훨씬 깊은 데 있다. 우리는 매우 비인간적인 기계적인 세상에 살고 있다. 대부분의 사람들은 세상을 보며 과학 법칙을 생각하지, 그 법칙을 주신 은혜로운 분을 생각하지 않는다. 우리는 하나님의 형상을 따라 지음받은 인간들이다. 그러므로 우리의 삶이 어떤 의미를 가지려면, 우리의 세상은 인간적인 세상이 되어야 한다. 삶이 그 의미를 잃을 때, 삶은 그 자체의 경이로움을 잃는다. 그리고 우리는 기계가 된다.

과학과 기술에 대한 그릇된 견해가, 백합화를 솔로몬의 옷보다 더 아름답게 하시고 떨어지는 참새를 그의 손으로 받는 하늘 아버지를 빼앗아 버렸다.

우리는 기계적인 세상에 살 뿐 아니라 상업적인 세상에서 살고 있다. 사회를 지배하는 것으로 보이는 두 가지 질문은 "그것이 필요한가?"와 "그것으로 돈을 벌 수 있는가?"이다. 그 둘 중에서도 강조는 후자에 있다. 다시 쏘로우를 인용하면, 우리는 "목적을 향상시키지 않고 수단만 향상시켰다"고 할 수 있다.

수세기 동안 철학자들과 신비가들은, 만약 우리가 돈으로 살 수 없는 것들을 상실한다면, 우리는 돈으로 살 수 있는 것들을 결코 누릴 수 없다는 사실을 우리에게 일깨워 왔다. 생계를 꾸리는 것이 삶을 꾸리는 것을 대신하였고, 새로운 도식과 방법들을 추구하는 것이 진리를 발견하고 인격을 도야하는 것을 대신하였다. 경이로움은 가치를 요구한다. 이는 우리가 값싸고 무시할 수 있는 것을 경이롭게 여기지 않기 때문이다. 가치가 사라질 때, 경이로움도 같이 사라진다.

우리의 세상은 바쁘다. 우리는 잠시 쉬면서 묵상하고 경이로움을 느낄 시간이 거의 없다. 심지어 휴가객들마저 사진이나 비디오 찍기에 바쁘다. 그들은 사람들과 친밀해지거나 하나님의 창조 세계에 다가가 그가 만드신 창조물을 경이롭게 바라볼 시간이 없다. "빨리, 빨리. 얼른 사진 찍고 엽서나 몇 장 사! 목적지까지는 아직 더 가야 해."

어린이가 경이의 세계에 사는 것은 그가 바라보고 생각에 잠길 만큼 오랫동안 조용히 서 있기 때문이다. 우리의 삶은 너무나 가득해서, 그것은 끊임없이 공허하다. 우리는 우리의 활동의 양을 자랑하면서, 우리의 경험의 질이 떨어진 것을 시인하지 않는다. 우리는 활동들을 헤아릴 줄 알지만, 경험의 무게를 달 줄은 모른다. 결국 우리는 패배자가 되고 만다.

경이로움이 없는 가장 큰 원인은 우리가 인위적인 세상에 살기 때문일 것이다. 대부분의 사람들은 대용물들에 의지하여 살면서 그것을 알지 못한다. 시시하고 천박한 코미디가 참된 기지와 유머를 대신했고, 값싼 오락이 건전한 여가 선용을 대신했으며, 선전이 진리를 대신하였다. 수백만의 지루한 사람들이 상품으로 제조된 경험에 의지하여 그 지루한 삶을 벗어나기 원한다. 각 경험은 이전의 것보다 커야 하고, 그 결과 신경 조직이 자극에 혹사당하여 정상적이고 실제적인 정서적 경험을 인식하고 누리는 것이 점점 더 어렵게 된다. 인위적인 자극에 의지할 때, 우리는 실제를 인식하고 누리는 능력을 점점 상실하게 된다.

대용물들 중에 가장 큰 것은 죄이다. 모든 문제의 근본이 바로 죄이다. 우리가 우리의 죄에 관해 무언가를 하지 않는다면, 우리는 하나님이 우리의 삶에 주시기 원하시는 그 경이로움을 결코 경험하고 누릴 수 없을 것이다. 우상 숭배의 본질은 하나님 이외의 다른 무엇을 예배하고 섬기는 것이다. 다시 말해 그것은 대용물에 의지하여 사는 삶이다. 그러나 삶의 기본 법칙은 우리 자신이 우리가 섬기는 신들과 같이 되는 것이다. 그러므로 우리의 신이 인위적인 대용물이라면, 우리 역시 인위적인 것이 되고 말 것이다. 경이로움으로 우리를 떨리게 해야 할 바로 그 감각은 닳고 마비되어 죽는다.

> "[저희 우상은] 입이 있어도 말하지 못하며 눈이 있어도 보지 못하며 귀가 있어도 듣지 못하며 코가 있어도 냄새 맡지 못하며…우상을 만드는 자들과 그것을 의지하는 자들이 다 그와 같으리로다"(시 115:5-6, 8).

우리의 기본적인 필요를 다루고 우리의 삶에 경이로움을 회복시킬 수 있는 유일한 분은 예수 그리스도이시다. 이는 그의 이름이 기묘자, 즉 경이로우신 자이기 때문이다.

예수님의 경이로움

왜 예수 그리스도가 기묘자로 불리는가? 그를 그렇게 부르는 것이 바로 그 질문에 답하는 것이다. 이는 만약 그가 기묘자로 불리지 않는다면 오히려 이상할 것이기 때문이다. 예수 그리스도에 관한 모든 것은 믿는 이로 하여금 "나는 이제 다른 일을 제쳐두고 이 위대한 광경을 볼 것이다"라고 말하게 한다.

우선, 그는 그의 인격에서 경이로우시다. 하나님이 인간으로 땅에 오신 것을 상상해 보라.

> 오늘 나신 예수는 하늘에서 내려와
> 처녀 몸에 나셔서 사람 몸을 입었네.
> 세상 모든 사람들 영원하신 주님께
> 영광 돌려보내며 높이 찬양하여라
> 영광 돌려보내며 높이 찬양하여라.
>
> 찰스 웨슬리(Charles Wesley)

목자들이 예수의 탄생 소식을 고하였을 때, "듣는 자가 다 목자들이 그들에게 말한 것들을 놀랍게 여겼다"(눅 2:18). 그것은 참으로 놀라운 일이었다. "하나님이 육신으로 나타나셨다"(딤전 3:16).

그리스도는 지상에서의 삶에서 경이로우셨다. 그에게 복종한 모든 것은 경이로움에 참여하였다. 예수님이 도착하시기 전까지 그것은 하나의 평범한 혼인 잔치에 불과하였으나, 예수님께서는 그것을 경건한 심령들이 지금도 묵상하는 경이로운 사건으로 변형시켰다. 평범한 하인들이 평범한 물을 평범한 독에 갖다 부었는데, 그 때 비상한 일이 일어났다. 물이 포도주가 되었다. 이것은 그의 삶의 경이로움이다. 그가 만지는 것은 무엇이나 새로운 본질과 새로운 의미를 가졌다.

베드로와 그의 어부 친구들은, 만약 그들이 예수님을 만나지 못하였더라면, 평범한 삶을 살다가 평범하게 죽었을 것이다. 그러나 예수님이 지시하셨을 때, 고기를 잡는 것은 그들에게 완전히 새로운 경험이 되었다. "깊은 데로 가서 그물을 내려 고기를 잡으라." "그물을 배 오른편에 던지라." 베드로는 갈릴리 바다의 폭풍을 수차례 경험하였으나, 예수님이 간섭하셨을 때, 그것은 완전히 다른 경험이었다. "잠잠하라. 고요하라." 예수님은 심지어 베드로로 하여금 물 위를 걸을 수 있게 하셨다.

무엇을 만지시든지 예수님은 축복하시고, 아름답게 하시

고, 경이롭게 하셨다. 그는 사람들이 그들의 눈을 뜨고 백합화의 영광, 참새의 자유, 어린 아이들의 기적, 바람의 메시지와 같은 그들 주변의 세상을 보기를 원하셨다. 그는 빵과 포도주와 같은 일용품들에 그것들을 하나님의 은혜의 호화품들로 바꾸는 깊은 의미를 부여하셨다. 작은 씨앗이 돌연히 하나의 설교가 된다. "씨는 하나님의 말씀이요." 물이 성령을 묘사한다. 잃은 양은 잃은 영혼이다. 그는 손가락으로 땅에 쓰시면서 분노한 종교 지도자들을 당황하게 하셨다. 그 중에서도 가장 큰 경이로움은 그가 수치와 멸시의 십자가를 하나님의 사랑과 인간의 죄가 만나는 장소로 바꾸어 놓으신 것일 것이다.

예수님에 관한 모든 것은 경이롭다. 그의 탄생, 그의 삶, 그의 말씀. "그들이 다 그를 증언하고 그 입으로 나오는 바 은혜로운 말을 놀랍게 여겨"(눅 4:22). 권위자들을 인용하는 서기관들과 달리, 예수님은 친히 권위 있게 말씀하셨다. 그의 가르침은 간접적인 전통이 아니었다. 그의 메시지는 하나님께로부터 직접 온 진리였다. "내가 그에게 들은 그것을 세상에 말하노라"(요 8:26). 그리고 그는 그가 가르치신 바를 행하셨다. "너희 중에 누가 나를 죄로 책잡겠느냐"(요 8:46). 그의 말은 단순하면서도 심오했다(일반 백성들도 그의 말을 즐거 들었고 최고의 지성도 여전히 그의 말의 깊은 의미를 캐려고 애쓰고 있다). 그는 가장 비천한 평민들과도 친숙하셨고 가장 학식 있는 랍비들과도 친숙하셨다.

그의 가르침의 최고의 경이로움은 그의 말에서 우리가 생명을 가진다는 사실이다. "내가 너희에게 이른 말이 영이요 생명이라"(요 6:63). 우리가 당대의 명문들을 읽을 때 마음에 감동을 받고 교훈을 받을 수 있다. 그러나 우리가 그리스도의 말씀을 묵상할 때, 우리는 그의 삶의 경이로움에 참여하게 된다. 그의 말씀은 우리의 속사람을 먹이고 만족케 한다. 그것은 계몽 이상의 것을 준다. 그것은 우리를 능력 있게 하고 그분 안에서 살 수 있게 한다.

그의 죽음의 경이로움을 생각해 보라. 그는 죽기 위해 오셨다. 그는 그가 죽으실 것을 아셨다. 그리고 그는 기꺼이 죽고자 하셨다. 누군가에게 살 수 있는 권리가 있다면, 바로 예수 그리스도가 그일 것이다. 그럼에도 그는 기꺼이 죽으셨다. "곧 십자가에 죽으심이라"(빌 2:8).

> 주 십자가 못 박힐 때 그 해도 빛 잃고,
> 그 밝은 빛 가리워서 캄캄케 되었네.
>
> 이삭 와츠(Isaac Watts)

세 시간 동안의 어둠이나 혹은 무덤을 갈라놓은 지진보다 훨씬 더 큰 것은 세상의 죄를 그 자신의 몸에 기꺼이 지시고자 한 하나님의 아들의 복종이었다. 이것은 얼마나 경이로운 사랑인가? 그의 부활과 그의 승천의 경이로움은 어떠한가? 그가 우리를 위하여 값 주고 산 구원의 경이로움, 한량없이 베푸시는 은혜의 경이로움! 오, 내 영혼이여. 그는 얼마나 경이로우신가!

우리의 삶 속에서의 예수님의 경이로움

우리의 삶에 경이로움이 필요한가? 그렇다. 필요하다. 그렇지 않으면 우리의 삶은 무관심하고 맹목적이며, 무기력하고 지루한 것이 될 것이다. 또한 우리는 하나님이 우리를 위해 예배하신 많은 것들을 놓치게 될 것이다. 삶의 권태는 외부적 환경에서 야기되는 것이 아니라, 내부의 영적인 상태에 의해 야기된다. 예수님은 그를 따르는 대중과 동일한 세상에서 사셨으나, 그럼에도 그것은 동일한 세상이 아니었다. 그리스도의 세상은 보다 경이로운, 다른 세상이었다. 그러므로 "그들이 보아도 보지 못하며 들어도 듣지 못하며 깨닫지 못함이니라"고 그가 탄식하신 것도 당연하다(마 13:13).

그가 보다 깊은 영적인 실재들에 관해 말씀하실 때마다 사람들은(그의 제자들을 포함하여) 그가 그들이 볼 수 있는 물질적인 것들을 말씀하는 것으로 생각하였다. 그가 "너희가 이 성전을 헐라 내가 사흘 동안에 일으키리라"고 하셨을 때, 그들은 그가 유대인 성전을 가리키는 것으로 들었다. 그러나 "예수는 성전된 자기 육체를 가리켜 말씀하신 것"이었다(요 2:19, 21). 그가 니고데모에게 "네가 반드시 거듭나야 한다"고 말씀하셨을 때, 니고데모는 "사람이 늙으면 어떻게 날 수 있삽나이까?"라고 물었다. 그는 육체적인 탄생을 생각하였으나, 주님이 말씀하신 것은 영적인 탄생이었다. 우물가의 한 여인은 예수님이 물질적인 물을 말씀하시는 것으로 생각하였고(요 4:11), 가버나움 회당에 모였던 무리는 그가 문자 그대로 그의 살을 먹고 그의 피를 마시는 것에 대해 말한다고 생각하였다(요 6). 그것은 마음속에 경이로움이 없는 사람들의 맹목성 때문이었다.

경이로움은 중요하다. 그의 이름들 중에서 "기묘자"가 제일 먼저 나오는 것도 그 이유 때문이다. 만약 내가 그의 경이로움을 알지 못한다면, 나는 모사나 능력이나 혹은 어떤 다른 영적인 필수 요소들을 위해 그에게 오지 않을지 모른다.

경이로움이 예배를 초래하고, 예배는 성장을, 성장은 인격 성숙과 봉사를 초래한다. 경이로움은 그리스도를 마음과 삶 속에 모셔들이고, 죄의 용서와 완전히 새로운 생명의 침투를 경험하는 데서 시작된다. "그리스도께서 내 안에 사신 것이라"(갈 2:20). 그에게 들어오시라고 요청할 때, 예수님은 "내가 그에게로 들어가 그와 더불어 먹고 그는 나와 더불어 먹을 것을" 약속하신다(계 3:20).

하나님의 가족으로 다시 태어날 때, 우리는 완전히 새로운 영적인 감각들을 받게 되며, 우리의 속사람은 죽은 상태에서 깨어나 하나님의 생명을 받게 된다. 모든 것이 달라진다.

> 하늘은 더욱 부드럽고 푸르며,
> 땅은 더욱 향기롭고 아름다워라.
> 각각의 색조마다 생명을 지녔으니,
> 그리스도가 없는 눈은 결코 보지 못한 것이었네:
> 하늘을 나는 새의 노래 소리 더욱 즐겁고,
> 꽃들의 화려함이 더욱 빛난다.
> 이제 내가 아는 바, 이는 내가 그분의 것,
> 그분이 나의 것이기 때문이라네.
>
> 조지 웨이드 로빈슨(George Wade Robinson)

성결과 순종으로 우리가 그와 더불어 동행할 때, 우리의 삶으로 경이로움이 들어온다. 제자들이 그의 말을 경청하고, 그를 따르고, 그로 하여금 그들의 삶을 인도하도록 하였을 때, 그들은 얼마나 많은 것을 배웠는가? 말씀과 기도로 날마다 주님과 교제하고 순종으로 그와 동행하는 것을 대신할 수 있는 것은 없다. 이런 매일의 경험은 우리들의 영적인 감각들을 예리하게 한다. 우리의 눈이 그가 보시는 것을 보게 되고, 우리의 귀가 그가 들으시는 것을 듣기 시작한다. 그리고 가장 중요하게는 우리의 마음이 그가 사랑하시는 것을 사랑하게 된다. 우리의 시각이 날카로워지면서 우리의 가치가 변한다. 그리스도에 대한 사랑이 깊어지면서 우리를 위한 새로운 창과 문이 열리며, 삶은 고린도전서 2:9의 약속을 성취하게 된다 – "하나님이 자기를 사랑하는 자들을 위하여 예비하신 모든 것은 눈으로 보지 못하고 귀로 듣지 못하고 사람의 마음으로 생각지 하지도 못하였다." 경이로움은 해방의 경험이다. 그것은 속박을 풀고 우리를 믿음과 사랑의 삶으로 불러낸다.

기묘자와 더불어 사는 이런 경이로움의 삶은 영광에서 그 절정에 이른다. "그가 나타나시면 우리가 그와 같을 줄을 아는 것은 그의 참모습 그대로 볼 것이기 때문이니"(요일 3:2).

영원한 경이로움. 우리는 완전한 눈으로 볼 것이며, 깨끗한 마음으로 사랑하고, 하나님의 영광의 경이로움에 흠뻑 젖은 의지로 순종할 것이다. 하늘의 영광은 그리스도 안에서 그것의 경이로움이며, 지옥의 비극은 그리스도와 그의 경이로움의 부재이다. 어둠과 권태와 무료와 영원한 고독과 영원한 목적 상실감과 고통과 슬픔 –이것이 지옥이다. 그 중에서도 가장 깊이 스며드는 것은 첫 "기쁨"이 사라질 때 언제나 죄가 가져오는 그 지겨운 "권태" 바로 그것이다. 하나님께 버림받는다는 것은 우리의 삶에서 영원히 경이로움을 빼앗기는 것을 의미한다. 예수님은 지옥을 예루살렘 밖에 쓰레기를 불태우는 곳을 가리키는 "게헤나"로 부르셨다. 인간이 더 이상 인간이기를 그치고, 영원한 쓰레기 더미에 버려진 한 조각의 폐물로 끝나는 것은 얼마나 비극인가.

믿음으로 그리스도와 함께 동행하는 자들은 그들의 일상의 삶에서 경이로움의 의미를 안다. 평범한 사람들이 그리스도의 경이로움으로 인해 비상한 일들을 경험할 수 있게 된다. 이 경이로움은 하나님의 가족에 들지 않은 사람들에게는 분명해 보이지 않을 수 있다. 그러나 그 가족 안의 사람들에게 그것들은 너무나도 분명하다. 그의 경이로움은 소위 작은 것들에서, 꽃이나 새나 아기의 웃음과 같은 것들에서 보여진다. 뿐만 아니라 그것들은 "아니오"라고 말할 수 있는 용기나 길이 험할 때 계속하여 갈 수 있는 힘과 같은 큰 것들에서도 보여진다. 작은 것들이 그리스도의 경이로움과 접촉하게 될 때 큰 것들이 된다. 그는 우리의 삶을 경이로운 것으로 만드실 수 있다. 바로 그의 이름이 기묘자이시기 때문이다.

2 모사

"그 이름은…모사라." 이것은 삶의 결정들을 지도한다. "주의 교훈으로 나를 인도하시고 후에는 영광으로 나를 영접하시리니"(시 73:24).

사람들이 어디서 도움을 구하는가 하는 것은 어느 정도 그들의 성격과 신앙을 반영한다. 어떤 사람은 근처의 술집을 찾아 자신을 동정할 것으로 생각되는 아무 사람이나 붙들고 그의 괴로움을 쏟아 놓는다(그러나 그 다음에 그는 상대방의 괴로움을 들어야 한다). 또 어떤 이들은 점쟁이를 찾아 돈을 내고 점괘를 듣기도 한다. 많은 이들은 의사나 목사에게 그들의 문제를 이야기하거나, 심리학자나 다른 훈련받은 상담자들을 찾기도 한다.

그리스도인들에게 있어 예수 그리스도는 최상의 모사, 즉 상담자(counselor)이다. "시몬 베드로가 대답하되 주여 영생의 말씀이 주께 있사오니 우리가 누구에게로 가오리이까"(요 6:68). 친구들이나 전문 상담가들에게 이야기하는 것이 유익하기도 하나, 그보다 우선하여 우리가 해야 할 일은 주님께 이야기하고 그의 말씀을 듣는 것이다. 그가 "모사"로 불리는 바로 그 사실이 삶의 결정들을 내리는 데 있어 우리를 돕는 몇 가지 중요한 진리를 우리에게 말해 준다.

하나님의 조언의 필요성

우리는 우리 자신들 속에 삶을 성공적이 되게 하는 것을 가지고 있지 않기 때문에 조언이 필요하다. 그들의 직업에서 성공을 거두는 방법을 아는 많은 이들이 그들의 삶과 결혼과 가정에서 성공을 거두는 법을 알지 못한다. "여호와여 내가 알거니와 사람의 길이 자기에게 있지 아니하니 걸음을 지도함이 걷는 자에게 있지 아니하니이다"(렘 10:23).

왜 사람들이 그들의 걸음을 지도하기가 어려운가는 설명하기 어렵지 않다. 우선 우리의 마음이 기본적으로 죄로 물들었으며 이기적이고, 우리의 동기들이 불순하기 때문이다. 예레미야는 그것을 정확하게 말한다. "만물보다 거짓되고 심히 부패한 것은 마음이라 누가 능히 이를 알리요마는"(렘 17:9). 우리는 흔히 "글쎄, 내 마음은 내가 알지"라고 한다. 그러나 분명한 사실은 우리가 우리 자신의 마음을 알지 못한다는 것이다. 베드로는 그의 마음을 들여다보고 그가 용기와 담력이 있다고 생각하였다. 그러나 예수님이 베드로의 마음을 들여다보셨을 때, 그는 거기서 비겁과 실패를 보셨다. 잠언 20:5은 "사람의 마음에 있는 모략은 깊은 물 같으니라"고 경계한다.

사람의 마음이 심히 거짓되고 악할 뿐 아니라, 사람의 생각 역시 심히 제한되어 있다. "내 생각이 너희의 생각과 다르며 내 길은 너희의 길과 다름이니라"(사 55:8). "누가 주의 마음을 알았느냐? 누가 그의 모사가 되었느냐?"(롬 11:34). 우리의 주님께 복종하고 그의 말씀으로 하여금 "우리의 마음을 새롭게" 하도록 할 때(롬 12:2), 우리는 점차 그의 성품과 그의 길에 관해 더 많은 것을 배우며, 더욱 쉽게 그의 뜻을 따르게 된다. 그러나 우리가 기도와 성경을 무시하고 우리 자신의 사고에만 의지할 때, 우리는 결코 그 자리에 이를 수 없다.

이런 내적인 결핍들 – 거짓된 마음과 제한된 생각 – 뿐 아니라, 세상의 외적인 압력들과 마귀의 내적인 궤계들이 있다. 우리는 하나님을 미워하고 경건한 삶에 속하는 모든 것을 반대하는 사람들이 만들어 내는 분위기로 둘러싸여 있다. 세상은 우리가 그것의 조언을 듣고, 그 길을 행하며, 그것의 오만한 태도를 가지기를 원한다(시 1:1). 그러나 하나님은, "너희는 이 세대를 본받지 말라"고 말씀하신다(롬 12:2).

사탄은 불신자들의 마음을 혼미(昏迷)하게 하고(고후 4:1-4), 신자들의 마음을 미혹(迷惑)하려 한다(고후 11:1-3). 사탄은 거짓으로 이브의 마음을 미혹하였고, 그 후 계속 성공적으로 그녀의 아들과 딸들에게 동일한 거짓을 행했다. 심지어 베드로마저 마귀에 의해 미혹되었다(마 16:22-23). 하나님의 존재와 성품이 그가 창조하신 만물에서 분명히 보여도, 죄인들은 하나님을 알려고 조차 하지 않았다(롬 1:28). 우리의 환경이 세상이 생각하는 방식으로 우리도 생각하도록 우리를 압력하기 때문에, 우리가 하나님을 찾고 그의 길로 행하는 것이 절대적으로 필요하다.

그의 자녀들에게 조언을 주는 것은 하나님의 가장 은혜로운 사역 중의 하나이다. 그가 그것을 하는 바로 그 방식이 그의 사랑과 인자를 증거한다. "너희 중에 누구든지 지혜가 부족하거든 모든 사람에게 후히 주시고 꾸짖지 아니하시는 하나님께 구하라 그리하면 주시리라"(약 1:5). 일부 하나님의 자녀들은 규칙과 도표와 지도들이 완전하게 들어 있어 그들이 방향을 찾을 때 참고할 수 있는 안내서와 같은 것을 선호할 수 있다. 그러나 하나님은 그런 식으로 일하지 않으신다. 만약 언제나 우리에게 무엇을 해야 할지 말해주는 "마법의 신탁"이 있다면, 우리는 결코 성숙하지 못하며 그리스도를 닮지 못할 것이다.

우리 가족은 일주일 간의 사역을 위해 캐나다에 가야 할 일이 있었다. 우리는 출발하기 전에 지방 자동차 클럽에서 가야 할 도로 번호, 피해야 할 공사 지역, 들를 수 있는 음식점, 심지어 "경찰차"가 매복해 있을 만한 장소 등 우리가 알아야 하는 모든 것이 들어 있는 일련의 지도를 얻었다. 그러나 이 방법은 자동차 여행을 위해서는 훌륭할 수 있어도, 인생의 고속도로에서는 통하지 않을 것이다.

물론 우리는 안내서인 성경을 가지고 있다. 그러나 그것은 우리가 누구와 결혼해야 할지, 어떤 도시에서 살아야 할지, 무슨 직업을 가져야 하고 어떤 학교를 다녀야 하며, 날마다 우리가 결정해야 하는 많은 다른 중요한 문제들에 관해 정확하게 지시하지 않는다. 그의 말씀과 더불어, 하나님은 우리에게 기도할 수 있는 특권과 내주하시는 성령님의 약속된 도움을 주셨다. 그는 우리가 현명한 결정을 내리기 위해 이런 영적인 자원들을 사용할 것을 기대하신다. 그 과정은 단순하거나 쉽지 않다. 그러나 이 과정을 따를 때, 우리는 성장한다. 우리의 모사이신 그리스도께 갈 때 우리가 기도하고 묵상하고 기다리는 것은 우리를 성숙하게 하고 강하게 한다. 그리고 그로써 우리가 우리의 영적인 감각들을 개발할 때, 우리는 하나님께 영광을 돌리게 된다.

예수 그리스도가 모사이신 사실은 그가 각 사람의 삶을 위해 명확한 계획을 가지고 계심을 가리킨다. 우리는 표류하거나 방황하도록 버려진 것이 아니다. 이는 그가 우리가 어디에 있으며 무엇을 해야 하는지를 알고 계시기 때문이다. 우리가 그의 조언을 구하는 것은 사치품을 요구하는 것이 아니라 영적인 필수품을 요구하는 것이다. 우리가 하나님의 은혜를 경험하고 하나님의 영광을 나타내고자 한다면, 우리는 그분의 인도를 받아야만 한다.

그리스도 – 자격 있는 모사

예수 그리스도가 "모사"로 불리시는 것은 그가 우리를 상담할 자격을 갖추었다는 것을 의미한다. 모든 사람이 그런 자격을 가지고 있는 것이 아니다. 어떤 사람이 자격증을 가지고 있지 않으면서 자신을 전문 상담가로 광고한다면, 그것은 위법이다. 사람들에게 관심이 있고 조언할 만한 능력이 있다는 정도로는 충분하지 않다. 그 자격증을 얻기 위해서는, 어느 정도의 교육과 훈련받은 상담가의 지도 하에서의 실습과, 공적인 시험을 통과함으로 입증되는 그 분야에서의 실력이 필수적으로 요구된다.

예수 그리스도가 우리의 상담자가 될 자격이 있는가? 물론이다. 우선 그는 "그 안에는 신성의 모든 충만이 육체로 거하시고" 영원하신 하나님이시다(골 2:9). 예수 그리스도는 "만물이 그로 말미암아 지은 바 되었으니"(요 1:3), 창조에서도 중요한 일을 하셨다. 성부께서 "우리가 사람을 만들자"고 하셨을 때, 그는 그곳에 계셨다. 잠언 8:22-36에 나오는 솔로몬의 "지혜에 대한 찬양"은 우리에게 영원하신 하나님의 아들, 하나님의 지혜이신 예수 그리스도를 생각나게 한다. 바울은 우리에게 그리스도 안에 "지혜와 지식의 모든 보화가 감추어져 있다"고 하였다(골 2:3). 그가 알지 못하는 것은 아무것도 없다.

그러나 그로 하여금 자격 있는 상담자가 되게 하는 것은 다른 데 있다. 그것은 그도 역시 인간이심으로 우리의 상태를 이해하신다는 사실이다. 인간으로 이 세상에 태어나, 성장하고, 수고하고, 고통받고, 죽으셨기 때문에, 그는 우리를 당황하게 하고 억누르는 경험 속에 들어오실 수 있다. 전문 상담가들이 "정말 당신은 이해하지 못해요"란 소리를 얼마나 많이 듣는가? 그러나 예수님은 그렇지 않다. 그가 우리를 이해하시기 때문이다.

> "그러므로 그가 범사에 형제들과 같이 되심이 마땅하도다 이는 하나님의 일에 자비하고 신실한 대제사장이 되어 백성의 죄를 속량하려 하심이라 그가 시험을 받아 고난을 당하셨은즉 시험 받는 자들을 능히 도우실 수 있느니라"(히 2:17-18).

또 다른 사실을 고려하라. 예수님은 우리를 사랑하신다. 상담자들은 그들의 환자들에게 감정적으로 휘감기지 말도록 배운다. 이는 그것이 그들의 최선을 다하는 것을 방해할 수 있기 때문이다. 그러나 예수 그리스도는 사랑으로 우리와 관계하시고 언제나 사랑 안에서 진실을 말씀하신다(엡 4:15). 다락방에서 예수님는 베드로에게 그에 관한 진실을 말씀하시고 그를 승리의 자리로 인도하려 하셨다. 그러나 불행하게도 베드로는 그 진실을 거부하고, 심지어 그것에 반박하였다.

그 결과는 부끄러운 실패였다. 어떤 사람들은 진실을 숨기며, 그것을 사랑으로 여긴다. 다른 사람들은 진실을 말하나 사랑이 없다. 예수 그리스도는 진리와 사랑 모두를 혼합하실 수 있으며, 이로 인해 그는 효과적인 상담자가 되신다.

우리의 모사, 상담자로서 예수님은 우리를 격려하시고, 그가 그의 제자들에게 말씀하신 것처럼, 우리에게 말씀하신다. "너희는 마음에 근심하지 말라"(요 14:1). 어떻게 그들이 마음에 근심하지 않을 수 있겠는가? 그는 방금 그들에게 베드로가 그를 부인할 것이며 그들 중 한 사람이 배신자가 될 것을 말씀하셨다. 더구나 그는 그가 이제 그들을 떠나 아버지께로 돌아가실 것을 말씀하셨다. 그들의 마음은 깊은 근심으로 가득 찼다. 따라서 예수님은 그들을 격려하고, 그들 앞에 놓여있는 일들을 감당하도록 그들을 준비시키고자 하셨다. 그는 그들에게 아버지의 집과 "보혜사"(comforter), "격려자"(encourager-comfort의 실제 의미는 격려하다. 힘을 주다), 성령에 대해 말씀하셨다.

훌륭한 상담자들은 삶의 문제들로부터 우리를 보호하지 않는다. 대신에, 그들은 삶의 문제들을 위해 우리를 준비시키고, 우리가 그것들을 정직하고 용기있게 대처하도록 돕는다. "편안한 삶을 위해 기도하지 말라"고 필립스 브룩스

(Phillips Brooks)가 말하였다. "보다 강한 사람이 되도록 기도하라. 우리의 능력에 맞는 일을 구하지 말라. 우리의 일에 맞는 능력을 구하라."

"하나님은 우리의 피난처시요 힘이시니 환난 중에 만날 큰 도움이시라"(시 46:1). 우리의 피난처로서, 그는 우리를 숨기신다. 우리의 힘으로서, 그는 우리를 도우신다. 우리는 단순히 훌륭한 조언을 듣고 우리의 상담자의 곁을 떠나는 것이 아니다. 그는 우리가 그의 말씀하신 일을 행하는 데 필요한 힘까지 우리에게 주셔서 보낸다.

우리의 상담자, 예수 그리스도는 우리를 오래 참으신다. 사복음서를 읽을 때, 우리는 주님이 그의 제자들에 대해 오래 참으신 것에 감동받지 않을 수 없다. 그는 그들의 질문에 답하고, 그들의 무지와 이기심을 참으시고, 그들을 가르치셔서 그들의 사역을 수행하도록 준비시키고자 하셨다. 심지어 훌륭한 상담자들조차 때로 인내심을 잃어버리고, 그들의 고객들로 하여금 그들이 걸을 수 있는 것보다 더 빨리 걷도록 그들을 재촉한다. 그러나 우리 주 예수 그리스도는 그렇지 않다. "내가 아직도 너희에게 이를 것이 많으나 지금은 너희가 감당치 못하리라"(요 16:12). 그는 우리에게 새로운 진리를 알리시거나 옛 진리를 일깨우시기 위한 적절한 때와 환경을 아신다.

우리의 하늘 상담자는 우리의 마음을 완전하게 아신다. "예수는…친히 모든 사람을 아심이요 또 사람에 대하여 누구의 증언도 받으실 필요가 없었으니 이는 그가 친히 사람의 속에 있는 것을 아셨음이니라"(요 2:24-25). "모든 교회가 나는 사람의 뜻과 마음을 살피는 자인 줄 알지라…"(계 2:23). "사람의 마음에 있는 모략은 깊은 물 같으니라 그럴지라도 명철한 사람은 그것을 길어 내느니라"(잠 20:5). 예수님은 사람의 마음과 생각을 아시며 우리가 우리 자신을 이해하도록 도우실 수 있다. 그는 얼마나 경이로우신 상담자이신가!

마지막으로, 우리의 상담자 예수님의 위대성을 보여주는 마지막 특성은 그가 우리를 위해 기도하신다는 사실이다. "내가 비옵는 것은 이 사람들만 위함이 아니요 또 그들의 말로 말미암아 나를 믿는 사람들도 위함이니"(요 17:20). 그는 끊임없이 우리를 위하여 기도하신다. 이는 "그가 항상 살아계셔서 그들을 위하여 간구하심이니라"(히 7:25). 그가 무엇을 위해 기도하시는가? 그것은 우리가 모든 선한 일에 온전케 되어 그의 뜻을 행할 수 있도록 기도하신다(히 13:21). "너희 안에서 행하시는 이는 하나님이시니 자기의 기쁘신 뜻을 위하여 너희에게 소원을 두고 행하게 하시나니"(빌 2:13).

우리는 영적인 상담자가 필요하다. 예수 그리스도는 우리의 상담자가 되시기에 완전하게 자격을 갖추고 계시다.

우리의 삶 속에서 그의 상담

우리는 이제 그리스도와 상담할 수 있다. 우리를 상담하는 것은 우리의 대제사장으로서 그의 사역에 속한다.

그는 그의 말씀으로 우리를 상담한다. "주의 증거들은 나의 즐거움이요 나의 충고자니이다"(시 119:24). 하나님이 그의 말씀을 통해 우리에게 주시는 지혜를 생각해 보라. "주의 계명들이…나나 원수보다 지혜롭게 하나이다…나의 명철함이 나의 모든 스승보다 나으며…나의 명철함이 노인보다 나으니이다…"(시 119:98-100). 우리는 다른 이들이 어려운 "시련의 학교"에서 배워야 하는 것을 말씀에서 배울 수 있다. 하나님의 백성은 죄의 쓰라린 결과를 고통스럽게 겪음으로써 배울 필요가 없다. 우리는 말씀에서 배우며, 죄를 피하고, 그로 인해 현명해질 수 있다.

그는 또 그의 영으로 우리를 상담한다. "여호와의 영 곧 지혜와 총명의 영이요 모략과 재능의 영이요 지식과 여호와를 경외하는 영이 그 위에 강림하시리니"(사 11:2). 하나님의 영이 하나님의 말씀으로 우리를 가르치신다. 그는 또 일상의 경험에서 우리를 가르치고 지도한다. "성령이 아시아에서 말씀을 전하지 못하게 하시거늘 그들이 브루기아와 갈라디아 땅으로 다녀가 무시아 앞에 이르러 비두니아로 가고자 애쓰되 예수의 영이 허락하지 아니하시는지라"(행 16:6-7). 성령이 어떤 방식으로 바울과 그의 일행을 지도하셨는지 우리가 알지 못하지만, 우리가 확신할 수 있는 것은 그가 우리를 지도하신다는 사실이다.

주님은 우리를 조언하고 지도하시기 위해 환경을 사용하신다. "내가 네 갈 길을 가르쳐 보이고 너를 주목하여 훈계하리로다"(시 32:8). 어느 인간 상담자가 피상담자가 확실히 순종하도록 그를 주목할 수(NASB) 있는가? "주의 눈은 의인을 향하시고 그의 귀는 의인의 간구에 기울이신다"(벧전 3:12). 하나님의 자녀들은 그의 아버지가 상황을 주장하시며, 발생하는 일들이 종종 하나님의 뜻을 이루는 길을 가리킨다는 것을 배운다.

우리의 상담자는 우리를 지도하기 위해 종종 다른 사람들을 사용하신다. "기름과 향이 사람의 마음을 즐겁게 하나니 친구의 충성된 권고가 이와 같이 아름다우니라"(잠 27:9). 이것은 신자들의 지역 모임에서 나누는 그리스도인의 교제의 축복에 속한다. 우리는 하나님의 뜻 안에서 서로를 격려하고 권고할 수 있다. 물론 우리는 지혜로운 상담자들에게만 귀를 기울이도록 주의해야 한다. 르호보암 왕은 그의 젊은 신하들의 말을 들음으로써, 그 자신과 왕국에 비극을 초래했다(왕상 12).

우리의 상담자는 그의 말씀으로, 그의 영으로, 삶의 환경으로 그리고 우리가 교제하는 신자들을 통해 우리를 지도하신다. 그러나 하나님이 우리를 조언하시도록 하기 위해 우리가 해야 할 일은 무엇인가? 우리는 기꺼이 그가 말씀하시는 바를 행해야 한다. "사람이 하나님의 뜻을 행하려 하면 이 교훈이 하나님께로부터 왔는지 내가 스스로 말함인지 알리라"(요 7:17). 하나님은 호기심이 많은 자들이나 부주의한 자들에게 그의 뜻을 알리시지 않으신다. 그는 관심 있고 성별된 자들에게 그것을 알리신다. 몇몇 신자들은 "하나님께서 나에게 무엇을 원하시는지를 물어본 다음, 그것이 내 마음에 들면 내가 그것을 하겠다"는 태도를 보인다. 그 결과는 뻔하다. 하나님은 그들에게 말씀하지 않으신다. 만약 우리가 실로 진지하게 하나님의 조언을 듣고 동시에 그것을 행하고자 하지 않는다면, 그는 그의 뜻을 우리에게 알리지 않으실 것이다.

우리는 하나님의 조언을 구해야 한다

"내 아들아 네가 만일 나의 말을 받으며 나의 계명을 네게 간직하며 네 귀를 지혜에 기울이며 네 마음을 명철에 두며 지식을 불러 구하며 명철을 얻으려고 소리를 높이며 은을 구하는 것 같이 그것을 구하며 감추어진 보배를 찾는 것같이 그것을 찾으면 여호와 경외하기를 깨달으며 하나님을 알게 되리니"(잠 2:1-5).

슬프게도 많은 경우에 사람들은 하나님의 뜻과 계획을 구하고자 하는 진실한 바람이 없이 영적인 조언을 얻기 위해 나에게 왔다. 그들은 참을성이 없었고, 내가 미리 다 꾸려진 계획의 보따리를 그들에게 건네주기를 원하였다. 그들은 하나님이 그들을 위해 가지신 지혜를 부지런히 찾기 위해 성경 연구나 기도에 기꺼이 시간을 드리지 않았다. 그들은 삶의 표면에 떠 있는 진리의 파편들을 얻기를 기대할 뿐, 감추어진 보화를 캐내려고 하지 않았다.

하나님의 조언을 사모하고, 그것을 찾고, 그것을 기다리라. 이스라엘이 거듭 거듭 불순종에 빠진 것은 그들이 하나님의 가르침을 기다리지 않았기 때문이었다. "그들은 그가 행하신 일을 곧 잊어버리며 그의 가르침을 기다리지 아니하고"(시 106:13). 선생은 학생에게 산수를 가르치고 바로 그의 질문들에 대답할 수 있다. 그러나 인생의 학교에서 우리의 상담자는 우리가 그 대답을 들을 만한 준비가 되기까지 기다리신다. "내가 아직도 너희에게 이를 것이 많으나 지금은 너희가 감당하지 못하리라"(요 16:12). 하나님의 지연은 하나님의 축복을 위한 준비이다. 만약 하나님이 우리가 무엇을 하기를 원하시는지 알지 못한다면, 그가 우리에게 하도록 말씀하신 바를 계속하여 행하며, 인내로 기다리라. 우리의 은혜로우신 상담자는 결코 우리를 그릇 인도하시지 않으신다. 다만 우리가 참지 못하고 충동적이 될 때 우리 스스로 그릇된 길로 가게 된다. "믿는 이는 다급하게 되지 아니하리로다"(사 28:16).

주님이 그의 뜻을 알리실 때, 감사함으로 받으라. 그것에 대해 논쟁하지 말라. 주님께 그것을 바꾸시도록 요구하지 말라. 다른 의견을 구하지 말라. 하나님이 무엇을 말씀하시든 그냥 받으라. 하나님의 뜻은 우리의 비판적인 승인을 위해서가 아니라, 우리의 순종을 위해 주어진다. 우리가 전적으로 불만족하더라도 "환불 보장"은 없다.

우리는 하나님의 뜻을 수용해야 하고 그것에 순종해야 한다. 축복은 하나님의 뜻을 아는 데서 오는 것이 아니라 하나님의 뜻을 행하는 데서 온다. "너희는 말씀을 행하는 자가 되고 듣기만 하여 자신을 속이는 자가 되지 말라"(약 1:22). 축복은 듣는 데서가 아니라 행하는 데서 온다(약 1:25). 하나님의 기준은 "마음으로 하나님의 뜻을 행하는 것"이다(엡 6:6).

우리의 상담자는 우리가 내리는 결정들과 그것들이 우리와 또 그에게 얼마나 중요한지를 아신다. 하나님은 사랑으로 당신의 삶에 열중하신다. 그는 우리와 우리의 미래에 엄청난 투자를 하신다. 만약 우리가 실패한다면, 우리보다 그가 잃어버리는 것이 더 많다. 이는 그의 영원한 영광이 위태로워지기 때문이다. 그는 우리의 상담자가 되어서 우리에게 그의 뜻을 보여주기를 원하신다. 그는 우리가 삶의 위기에 처했을 때에만 조언하기를 원하지 않고, 일상의 평범한 일들에서조차 우리에게 조언하기 원하신다. "그런즉 너희가 먹든지 마시든지 무엇을 하든지 다 하나님의 영광을 위하여 하라"(고전 10:31). 우리가 그의 조언을 구할 때, 우리는 그를 더 잘 알게 된다. 그를 더 잘 알 때, 우리는 그의 뜻을 잘 이해하게 된다.

하나님의 조언은 하나님의 성품과 결코 분리될 수 없다. 이는 그의 인격과 그의 계획이 언제나 조화되기 때문이다. "주는 항상 미쁘시니 자기를 부인하실 수 없으시리라"(딤후 2:13). 두 사람이 사랑하면 할수록, 그들은 인생의 계획과 활동에 있어 서로에게 더 깊이 관계한다. 우리의 상담자는 우리의 삶의 모든 영역에 참여하시기를 원하신다. 이는 우리가 그와 동행할 때, 그의 성품과 그의 뜻을 더 잘 이해하기 때문이다.

하나님은 우리의 조언을 필요로 하지 않으신다. 우리가 그의 조언을 필요로 한다. "누가 주의 마음을 알았느냐? 누가 그의 모사가 되었느냐?"(롬 11:34). 너무도 자주 우리는 그에게 가서 그가 무엇을 하셔야 하는지를 설명한다. 그러나 오히려 우리는 그분 앞에서 잠잠히 기다리며 그로 하여금 우리에게 말씀하시도록 해야 할 것이다. "여호와여 말씀하옵소서 주의 종이 듣겠나이다"(삼상 3:9). "이것이 바른 길이니 너희는 이리로 가라"(사 30:21).

우리가 예수 그리스도를 알 때 인생의 결정들을 두려워 할 필요가 전혀 없다. 이는 그의 이름이 모사이기 때문이다.

3 전능하신 하나님

그의 이름은 "전능하신 하나님"이다. 이것은 삶의 요구들을 처리한다. "능하신 이가 큰 일을 내게 행하셨으니 그 이름이 거룩하시며"(눅 1:49).

인류의 역사는 힘을 발견하고 응용한 이야기이다. 처음에 그것은 인력이었으며, 그 다음에 마력, 증기력, 전력, 지금은 원자력으로 발전되었다. 각 단계마다 인류를 물질적, 경제적으로 부유하게 하였다. 그러나 우리가 영적으로도 부유해졌는지는 의문이다. 우리는 우주의 힘을 이용할 수 있으나, 우리 자신들을 통제하거나 이기적인 사람들이 세상과 그 사람들을 파괴하는 것을 막을 수 없다. 우리는 가장 중요한 문제들에 부딪힐 때 여전히 유약하다. 몇몇 미래 역사가들은 20

세기의 후반부를 "힘과 연약의 시대"(the age of power and weakness)로 부를 것이 틀림없다.

오늘날 가장 기본적으로 필요한 힘은 영적인 힘이며, 그 힘의 근원은 예수 그리스도이시다. 그는 "전능하신 하나님"이시다.

그는 하나님이시다

예수 그리스도가 "전능하신 하나님"으로 불리는 사실은 그가 하나님이심을 나타낸다. 톨스토이(Leo Tolstoy)는 "나는 그리스도가 우리와 같은 사람이었음을 믿는다. 그를 하나님으로 여기는 것은, 나에게 있어, 가장 큰 신성모독으로 보인다"고 했다. 그러나 예수님은 자신을 하나님으로 주장하셨다. "이는 모든 사람으로 아버지를 공경하는 것같이 아들을 공경하게 하려 하심이라 아들을 공경치 아니하는 자는 그를 보내신 아버지도 공경하지 아니하느니라"(요 5:23). 선한 목자에 대한 그의 설교 마지막 부분에서, 예수님은 "나와 아버지는 하나이니라"고 담대하게 말씀하셨다(요 10:30). 그 자리에 있던 사람들은 이 말을 신성에 대한 분명한 주장으로 이해하였고, 따라서 그를 돌로 치려 하였다.

그의 공적인 사역을 마감할 무렵에, 십자가에서 죽으시기 조금 전에 예수님은 이렇게 외쳤다. "나를 믿는 자는 나를 믿는 것이 아니요 나를 보내신 이를 믿는 것이며 나를 보는 자는 나를 보내신 이를 보는 것이니라"(요 12:44-45). 그는 빌립에게 "나를 본 자는 아버지를 보았다"고 말씀하셨다(요 14:9). 단순하고 쉬운 말로 예수 그리스도는 자신이 하나님이심을 주장하셨다.

그를 아는 자들은 그가 하나님이심을 단언하였다. 사도 요한은 예수님을 "말씀"으로 밝혔다. "태초에 말씀이 계시니라 이 말씀이 하나님과 함께 계셨으니 이 말씀은 곧 하나님이시니라"(요 1:1). 도마는 예수님 앞에 무릎을 꿇고 그를 경배하며 "나의 주시며 나의 하나님이시니이다"라고 외쳤다(요 20:28). 예수님은 그의 말을 시정하지 않으셨다. 다소 출신 사울은 나사렛 예수가 육신을 입은 하나님이라는 생각에 거세게 반대하였다. 그러나 예수님을 만났을 때, 그 열정적이던 랍비는 자신의 생각을 바꾸고, 남은 여생을 예수 그리스도의 신성을 증언하며 보냈다. 바울은 그의 민족 이스라엘에 관해 말할 때 이렇게 썼다. "조상들도 그들의 것이요 육신으로 하면 그리스도가 그들에게서 나셨으니 그는 만물 위에 계셔서 세세에 찬양을 받으실 하나님이시니라. 아멘"(롬 9:5). 디도서 2:13에서는 "복스러운 소망과 우리의 크신 하나님 구주 예수 그리스도의 영광이 나타나심을 기다리게 하셨으니"라고 되어 있다.

그리스도의 신성을 부인하는 어떤 사교의 신자가 어느 날 나에게 "성경에는 예수를 "하나님"으로 부르는 구절이 한 구절도 없다"고 말하였다. 나는 히브리서 1:8을 펴서 보여주었다. "아들에 관하여는 하나님이여 주의 보좌는 영영하며 주의 나라의 규는 공평한 규이니이다." 그 사람의 대답은 거짓된 교리를 옹호하기 위해 원문을 왜곡한 또 다른 성경 번역본을 언급할 뿐이었다.

예수 그리스도를 가리켜 사도 요한은 "그는 참 하나님이시요 영생이시라"고 말하였다(요일 5:20). 헬라어 학자가 되어야 그 말을 이해할 수 있는 것이 아니다. 예수님은 하나님이심을 주장하였고, 다른 이들의 고백에서 그 주장을 받아들이셨다. 그는 하나님으로서 예배를 받으셨다. 그는 또 죄를 사하는 것과 같은, 오직 하나님만 하실 수 있는 일들도 하신다고 주장하셨다(눅 7:49).

그가 지니신 그 이름들이 그의 신성을 확증한다. "예수"란 바로 그 이름은 "여호와는 구원이시다"를 의미한다. 그 시대에 많은 사람들이 그 동일한 이름을 지녔을지라도(위대한 지도자 여호수아를 따라), 예수님만이 실제로 그 이름에 맞게 사셨다. 그는 삭개오에게 "오늘 구원이 이 집에 이르렀다"고 말씀하셨다(눅 19:9). 그가 중풍 병자의 죄를 사하셨을 때, 종교 지도자들은 "이 사람이 어찌 이렇게 말하는가 신성 모독이로다 오직 하나님 한 분 외에는 누가 능히 죄를 사하겠느냐"(막 2:7)라고 하였다.

그의 이름 중 하나는 "임마누엘"이다. 그것은 "하나님이 우리와 함께 계시다"를 의미한다(마 1:23). 천사는 마리아에게 그를 가리켜 "나실 바 거룩한 이는 하나님의 아들이라 일컬어지리라"고 하였다(눅 1:35). 마리아는 예수님을 십자가에서 구하였을 수도 있는 유일한 증인이었다. 그럼에도 그녀는 십자가 밑에 서서 아무런 항의도 하지 않았다. 만약 예수님이 하나님이 아니라면, 왜 마리아가 침묵하였겠는가?

예수님은 하나님이시기 때문에, 그는 우리의 믿음과 사랑과 순종과 섬김과 예배를 받으실 수 있다. "그는 네 주인이시니 너는 그를 경배할지어다"(시 45:11). 그리스도를 거부하는 것은 하나님을 거부하는 것이며, 하나님을 거부하는 것은 생명을 거부하는 것이다. "아들을 믿는 자는 영생이 있고 아들에게 순종하지 아니하는 자는 영생을 보지 못하고 도리어 하나님의 진노가 그 위에 머물러 있느니라"(요 3:36).

『벤허』를 쓴 류 월레스(Lew Wallace) 장군은 "기독교에 대해, 그것의 진정성이나 허위성에 관해 6년 간 편견 없이 연구한 후에, 나는 예수 그리스도가 유대인의 메시아이며 세상의 구세주이시고 나의 개인적인 구세주이시라는 신중한 결론에 도달하였다"고 하였다.

우리는 예수님을 피할 수 없다. 그에 관한 사실들을 대면하고 결정해야만 한다. 이사야는 예수님이 하나님이시라고 말한다. 우리는 무엇이라고 말하는가?

그리스도의 권능

예수님은 하나님으로 불릴 뿐 아니라, "전능하신 하나님"으로 불린다. 구유 속의 갓난 아기가 전능하다고 불리다니 무슨 역설인가? 그럼에도 갓난 아기로서의 예수 그리스도는 권능의 중심이었다. 그의 탄생은 천체에 영향을 미쳐 찬란한 별이 나타나게 하였다. 그 별은 동방박사들의 관심을 불러일으켰고, 그들은 그들의 고국을 떠나 예루살렘까지 길고 위험한 여행을 하였다. 새로 탄생한 왕에 대한 그들의 고지(告知)

는 헤롯과 그의 궁정을 소란케 하였다. 예수님의 탄생은 하늘에서 천사들을 내려오게 하였고 들에서 양을 치던 소박한 목자들도 불러들였다. 주의 영광이 사람들에게 나타났을 때, 한밤중이 대낮처럼 환하게 되었다.

우리는 우주의 창조에서도 역시 예수 그리스도의 권능을 본다. "만물이 그로 말미암아 지은 바 되었으니 지은 것이 하나도 그가 없이는 된 것이 없느니라"(요 1:3). 그렇다면, 그가 만물을 만들었기 때문에 그 자신은 창조되지 않은 것이 분명하다. 성경에서 이것을 가장 위엄있게 진술한 곳은 히브리서 1:1-3이다.

> "옛적에 선지자들을 통하여 여러 부분과 여러 모양으로 우리 조상들에게 말씀하신 하나님이 이 모든 날 마지막에는 아들을 통하여 우리에게 말씀하셨으니 이 아들을 만유의 상속자로 세우시고 또 그로 말미암아 모든 세계를 지으셨느니라 이는 하나님의 영광의 광채시요 그 본체의 형상이시라 그의 능력의 말씀으로 만물을 붙드시며 죄를 정결하게 하는 일을 하시고 높은 곳에 계신 지극히 크신 이의 우편에 앉으셨느니라."

사도 바울은 이 진술에 동의한다. "그는 보이지 아니하는 하나님의 형상이시요 모든 피조물보다 먼저 나신 이시니 만물이 그에게서 창조되되 하늘과 땅에서 보이는 것들과 … 만물이 다 그로 말미암고 그를 위하여 창조되었고"(골 1:15-16). 그런데 창조자이신 그가 피조물이 되셨다. 무슨 신비인가? 만물을 채우시는 분이 마구간에서 갓난 아기가 되었다. 전능하신 하나님이 말이다.

예수님은 창조에서 뿐 아니라 역사(歷史)에서도 그의 권능을 나타내신다. 베들레헴 약속은 우리에게 이렇게 말한다. "베들레헴 에브라다야 너는 유다 족속 중에 작을지라도 이스라엘을 다스릴 자가 네게서 내게로 나올 것이라 그의 근본은 상고에 영원에 있느니라"(미 5:2).

구약 성경의 역사는 그가 오실 것에 관한 이야기이다. 피어슨 박사(Dr. A. T. Pierson)가 말한 대로, "역사는 그의 이야기이다." 구약 성경의 어느 부분을 펼치든, 우리는 예수 그리스도를 만난다. 예수님은 유대인 지도자들에게 "너희 조상 아브라함은 나의 때 볼 것을 즐거워하다가 보고 기뻐하였느니라"고 말씀하셨다. 모세는 "그리스도를 위하여 받는 수모를 애굽의 모든 보화보다 더 큰 재물로 여겼기 때문에"(히 11:26) 그의 위대한 업적을 이루었다. 여리고 성을 정복하기 전에, 여호수아는 어느 날 밤 군대 장관인 예수님을 만나고 그 앞에 엎드려 절한다(수 5:13-15). 세 명의 히브리인은 극렬히 타는 풀무 속을 그와 함께 걸었다(단 3:24-25). 예수님이 엠마오로 가던 낙심한 제자들을 구약 성경의 말씀으로 가르칠 수 있었던 것도 전혀 이상하지 않다. 이는 그것이 그의 오심을 기록하기 때문이다. "이에 모세와 모든 선지자의 글로 시작하여 모든 성경에 쓴 바 자기에 관한 것을 자세히 설명하시니라"(눅 24:27).

지상에서 사역하실 때, 예수님은 기적들을 행하심으로써 자신을 "전능하신 하나님"으로 나타내셨다. 그가 하신 바로 그 일들이 그의 신성을 증명하며, 그것들을 본 사람들에게 변명의 여지가 없게 한다. "예수께서 권능을 가장 많이 행하신 고을들이 회개하지 아니하므로 그 때에 책망하시되"(마 11:20). 그의 고향 사람들은 "그 손으로 이루어지는 이런 권능에" 놀라움을 금치 못하였다(막 6:2). 그럼에도 그들은 그를 믿지 않았다. "거기서는 아무 권능도 행하실 수 없어 다만 소수의 병자에게 안수하여 고치실 뿐이었고"(막 6:5).

그의 대적들은 그리스도의 권능이 사탄에게서 나왔다고 주장하였다. 그러나 그것은 단지 사실들을 회피하는 것뿐이었다. 그는 재빨리 그들의 주장을 분쇄했다. "만일 사탄이 사탄을 쫓아내면 스스로 분쟁하는 것이니 그리하고야 어떻게 그의 나라가 서겠느냐?"

물론 그가 이 땅에서 행하신 가장 큰 권능은 그의 죽음과 부활과 관계된다. 바울은 에베소 교회 성도들(과 우리)을 위해 기도할 때 그들이 "그의 힘의 능력으로 역사하심을 따라 믿는 우리에게 베푸신 능력의 지극히 크심이 어떠한 것을" 알고, "그의 능력이 그리스도 안에서 역사하사 죽은 자들 가운데서 다시 살리시고 하늘에서 자기의 오른편에 앉히신" 것을 알기를 구하였다(엡 1:19-20). 하나님은 예수를 죽은 자 가운데서 살리셨다. "하나님께서 사망의 고통을 풀어 살리셨으니 이는 그가 사망에게 매여 있을 수 없었음이라"(행 2:24).

성부 하나님이 예수를 죽은 자 가운데서 살리셨을 뿐 아니라, 예수님 자신이 죽은 자 가운데서 부활하셨다. 그의 생명에 관해 말씀하실 때, 예수님은 "나는 버릴 권세도 있고 다시 얻을 권세도 있다"라고 하였다(요 10:18). "아버지께서 자기 속에 생명이 있음 같이 아들에게도 생명을 주어 그 속에 있게 하셨다"(요 5:26).

그의 부활의 기적은 그의 구속 사역의 중심을 이룬다. 복음의 메시지는 "성경대로 그리스도께서 우리 죄를 위하여 죽으시고 장사지낸 바 되었다가 성경대로 사흘만에 다시 살아나셨다"는 것이다(고전 15:3-4). 그의 부활은 우리의 구속을 보

전능하신 하나님 | **65**

증한다. "우리가 그리스도 안에서 그의 은혜의 풍성함을 따라 그의 피로 말미암아 구속 곧 죄 사함을 받았으니"(엡 1:7).

그를 그린 일부 화가들이 그를 인간 이하의 무엇으로 묘사한 것은 매우 불행한 일이다 – 그에 관한 어떤 그림도 참되지 않다. 확실히 그는 온유하셨다. 그러나 온유는 연약이 아니다. 온유는 통제가 가능한 힘이다. 그는 겸손하셨으나, 채찍을 만들어 성전에서 돈 바꾸어 주는 자들을 내쫓으실 수 있었다. 그의 체포와 십자가 사형은 그의 약함을 보여주는 것으로 보일 수도 있다. 어떤 의미에서는 그렇다. 그러나 보다 깊은 의미에서 그것들은 그의 전능하심을 보여주는 것이다. "그리스도께서 약하심으로 십자가에 못 박히셨으나 하나님의 능력으로 살아 계시니"(고후 13:4). 바울이 "내게 능력 주시는 자 안에서 내가 모든 것을 할 수 있다"(빌 4:13)고 외친 것도 당연하다.

예수 그리스도는 하나님이시다. 뿐만 아니라 그는 "전능하신 하나님"이시다. 그런데 이것이 오늘날 그를 믿는 우리들에게는 어떤 의미를 지니는가.

우리 속에서 하나님의 능력

그의 전능하신 능력은 오늘 우리에게도 사용 가능하다. 바울은 우리와 같은 사람들을 위해 이렇게 기도한다. "이로써 우리도 듣던 날부터 너희를 위하여 기도하기를 그치지 아니하고 구하노니 너희로 하여금 모든 신령한 지혜와 총명에 하나님의 뜻을 아는 것으로 채우게 하시고 주께 합당히 행하여 범사에 기쁘시게 하고 모든 선한 일에 열매를 맺게 하시며 하나님을 아는 것에 자라게 하시고 그의 영광의 힘을 따라 모든 능력으로 능하게 하시며 기쁨으로 모든 견딤과 오래 참음에 이르게 하시고"(골 1:9-11).

이 기도에 있는 전칭적 요소들을 주목하라. 모든 지혜, 범사에 기쁘시게, 모든 선한 일에, 모든 능력. 만약 하나님이 우리를 "모든 능력"으로 채우신다면, 바로 우리가 전능하게 된다. 우리가 모든 것을 할 수 있게 된다. 예수 그리스도가 전능하시다는 것을 믿는 것은 문제가 없지만, 이 속성을 흙으로 만들어진 피조물에 불과한 그의 백성에게 부여하는 데는 믿음의 큰 도약이 필요하다. 그러나 그것은 사실이다. 하나님의 전능하신 능력이 예수 그리스도를 통하여 오늘 우리에게 이용가능하다. 구원은 하나님이 시작하시고 우리가 끝

내는 무엇이 아니다.

구원은 처음부터 끝까지 하나님의 사역이다. "너희 안에서 착한 일을 시작하신 이가 그리스도 예수의 날까지 이루실 줄을 우리는 확신하노라"(빌 1:6). 십자가 상에서 예수님은 "다 이루었다"고 외치셨다. 그는 완전한 구원을 베푸신다. 그가 "일시불로 얼마를 지불하고" 우리가 나머지를 월부로 갚아야 하는 것이 결코 아니다. "다 이루었다."

이것은 하나님의 믿는 백성이 그리스도로부터 그들이 필요로 하는 모든 것을 요구할 수 있다는 것을 의미한다. "나의 하나님이 그리스도 예수 안에서 영광 가운데 그 풍성한 대로 너희 모든 쓸 것을 채우시리라"(빌 4:19).

그러나 골로새서 1장에서 바울의 기도가 삶의 물질적이거나 신체적인 필요를 다루는 것이 아니라 속사람, 신자의 품성을 다루고 있는 점을 주목하라. "모든 능력으로 능하게 하시며 기쁨으로 모든 견딤과 오래 참음에 이르게 하시고." 하나님의 전능하신 능력이 예수 그리스도를 통하여 오늘날 우리에게 이용 가능한 것은 우리로 하여금 하나님의 영광을 위하여 그리스도인의 품성을 개발하고 그리스도인의 품행을 실천할 수 있게 하기 위함이다. 오래 참음과 견딤과 기쁨은 우리의 삶에 그냥 주어지지 않는다. 이런 종류의 경건한 품성을 낳는 데는 영적인 능력이 필요하다.

바울 자신이 하나님의 능력이 우리의 삶에서 무엇을 하실 수 있는지 보여주는 좋은 모범이 된다. 바울은 육체에 가시가 있었다(고후 12:7-10). 그것이 정확히 무엇이었는지 우리는 알지 못한다. 그러나 분명한 것은 그것은 그로 하여금 하나님이 그것을 제거해 주시기를 세 번이나 기도하게 할 만큼 심각하고 고통스러웠다는 것이다. 바울의 기도는 논리적이다. 그는 큰 일을 해야 하는 중요한 사람이었다. 신체의 고통과 연약은 그의 사역에 장애가 될 뿐이었다.

이 경험에 관한 바울의 설명을 읽을 때, 우리는 영적인 이해의 여러 수준들을 보게 된다. 첫째, 바울은 그 가시를 피하고자 하였으나 하나님은 그것을 제거하기를 거절하셨다. 그러자 바울은 그 가시를 참기로 결심하였다. 그러나 그것이 하나님을 가장 영화롭게 하는 수준은 아니었다. 구원받지 못한 사람도 용감하게 고통을 참을 수는 있다. 하나님의 은혜는 바울을 더 높은 수준으로 올리셨다. 그는 그의 고통을 받아들였고 그것을 이기게 되었다. "그러므로 도리어 크게 기뻐함으로 나의 여러 약한 것들에 대하여 자랑하리니 이는 그리스도의 능력이 내게 머물게 하려 함이라"(9절). 그는 그의 장애가 그의 삶에 가져다주는 연약으로 더 부요하게 되고 더 능력 있게 되는 법을 알았다. 그 비밀은 무엇인가? "내 은혜가 네게 족하도다 이는 내 능력이 약한 데서 온전하여짐이라"(9절).

오직 하나님의 은혜만이 우리의 삶에 하나님의 능력을 가져올 수 있다. 바울은 그것을 솔직하게 고백하였다. "그러나 내가 나 된 것은 하나님의 은혜로 된 것이니"(고전 15:10). 하나님의 은혜는 하나님의 아들 예수 그리스도를 통하여 우리의 삶 속으로 들어온다. "우리가 다 그의 충만한데서 받으니 은혜 위에 은혜러라"(요 1:16). 은혜로 말미암아 하나님은 우리가 결코 우리 스스로 할 수 없는 일들을 우리 속에서, 우리를 통하여 하신다. 은혜는 단순히 우리의 능력을 보완하는 것이 아니다. 우리에게는 능력이 전혀 없다. 은혜는 우리의 연약을 하나님의 영광을 위하여 능력으로 바꾸어 놓는다. "이는 내가 약한 그 때에 강함이라"(고후 12:10). 많은 사람들이 하나님의 능력을 경험하지 못하는 이유는 그들이 그들 속에서 너무 강하여 그들의 연약함을 고백하지 않기 때문이다. 하나님은 그들이 약할 때까지 기다리셔야 한다. 그 때에야 비로소 그는 그의 능력을 그들과 나누실 수 있다.

성경에는 이와 같이 약함이 강함으로 바뀌는 원리를 보여주는 보기들이 많다. 아브라함이 75세였을 때, 하나님은 그에게 큰 민족을 이루고 온 세상으로 복을 받게 할 아들을 주시기로 약속하셨다(창 12:1-3). 10년이 지나도 그 아들은 주어지지 않았다. 아내 사라는 그녀의 남편이 여종 하갈을 취하여 아들을 낳을 것을 제안하였다. 아브라함도 그 계획에 동조하였다. 하갈은 아들을 잉태하였다. 하지만 그 모든 계획은 하나님의 뜻과 반대되었고 심각한 가정 불화를 초래하였다. 하나님은 그의 약속을 성취하시기 위해 아브라함이 99세가 될 때까지 다시 13년을 기다리셨다. 아브라함이 100세가 되고 그의 아내가 90세가 되었을 때, 아들 이삭이 태어났다.

로마서 4:19-21은 그 위대한 기적을 설명한다.

> "그가 백 세나 되어 자기 몸이 죽은 것 같고 사라의 태가 죽은 것 같음을 알고도 믿음이 약하여지지 아니하고 믿음이 없어 하나님의 약속을 의심하지 않고 믿음이 견고하여져서 하나님께 영광을 돌리며 약속하신 그것을 또한 능히 이루실 줄을 확신하였으니"

하나님의 능력이 그의 삶에 베풀어지게 한 것은 바로 아브라함의 믿음이었다. 그는 환경을 바라보거나 인간적인 감정에 의존하지 않았다. 그는 단지 하나님의 전능한 능력을 신뢰하였고, 하나님은 그의 능력을 베푸셨다. 말하자면 하나님은 아브라함과 사라를 죽은 자들 가운데서 일으키셨다. 하나님의 약속과 성취는 일치한다. "그 모든 좋은 약속이 하나도 이루어지지 아니함이 없도다"(왕상 8:56).

아브라함과 사라를 위하여 하셨던 일을 하나님은 모세와 기드온과 다윗과 다니엘과 베드로와 바울과 및 성경과 교회 역사의 장에 이름이 나오는 무수한 신자들을 위해서도 행하셨다. 하나님은 그들 속에서, 그들을 통하여 역사하셨으며, 그들은 공훈을 세우고 그리스도께 영광을 돌렸다. 하나님은 지금도 여전히 그의 전능한 능력을 약한 세상에 흘려 보낼 수 있는 통로가 될 수 있는 믿음의 사람들을 찾으신다. "여호와의 눈은 온 땅을 두루 감찰하사 전심으로 자기에게 향하는 자들을 위하여 능력을 베푸시나니"(대하 16:9). 전심으로 주를 향하는 마음은 죄가 없는 마음을 의미하지 않는다. 왜냐하면 살아 있는 자는 그 누구도 죄가 없는 마음을 가질 수 없기 때문이다. 그것은 전적으로 주님을 신뢰하는 마음, 양분되지 않은 마음을 의미한다. 주님은 그를 전적으로 신뢰하지 않는 자들에게 그의 능력을 맡기시지 않는다.

오늘 우리의 짐이나 싸움이 무엇이든지 간에, 하나님은 그것을 맡으시고 다루시고 해결하시고 우리의 유익과 그의 영광을 위해 그것을 사용하실 능력이 있다. 예수 그리스도는 "전능하신 하나님"이시며, 우리는 그의 능력을 사용할 수 있다. "우리 가운데서 역사하시는 능력대로 우리가 구하거나 생각하는 모든 것에 더 넘치도록 능히 하실 이에게…"(엡 3:20). 우리의 연약함을 시인하고, 믿음으로 그에게 복종하고, 그의 약속된 능력을 받으라.

4 영존하시는 아버지

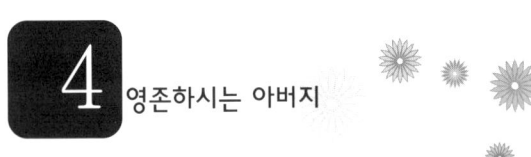

    우리 주님의 이름은 "영존하시는 아버지"이다. 이것은 삶의 차원들을 다룬다. "내가 온 것은 양으로 생명을 얻게 하고 더 풍성히 얻게 하려는 것이라"(요 10:10).

    하나님의 아들, 예수 그리스도가 "영존하시는 아버지"로 불리는 것은 얼핏 보면 신학적 모순같다. 만약 예수가 아들이면, 그는 아버지가 될 수 없다. 삼위 하나님의 각 위 성부, 성자, 성령은 서로 다른 위와 구별되며 동시에 동등하신 하나님이시다. 성부는 성자가 아니며, 성자는 성부가 아니다.

    그 해답은 셈어계 사람들이 "아버지"란 말을 독특하게 사용한 데 있다. 이사야의 예언을 읽는 구약 시대 유대인은 "아버지"란 그 낱말을 "…의 창시자" 또는 "…를 만든 자"를 의미하는 것으로 이해했을 것이다. 예수님은 사탄을 "거짓의 아비"로 부르셨고(요 8:44), 야발은 "가축을 치는 자의 조상"이라 불렸다(창 4:20). 예수 그리스도를 "영존하시는 아버지"로 부를 때, 그 선지자가 말한 것은 "그가 영존하는 것의 창시자이시다. 그가 영원을 만드신 분이시다"였다.

영원

영원(eternity)은 그 범위가 너무 광대한 개념이어서 사람의 생각으로는 결코 그것을 파악할 수 없다. 영원한 것은 시작도 없고 끝도 없다. 하나님은 영원하시다. 인간은 시작은 있으나 끝이 없다. 인간은 영원히 살 것이다―하나님과 더불어 또는 하나님과 분리되어서, 영원한 영광 가운데 살거나 혹은 영원한 어둠 가운데 살 것이다. 청교도 설교자 토마스 왓슨(Thomas Watson)은 "경건한 자들에게 영원은 일몰이 없는 낮이며, 악인들에게 영원은 일출이 없는 밤이다"라고 말했다.

예수 그리스도가 우리를 우리의 죄에서 구원하신 것을 믿을 때, 우리는 영원에 속하게 된다. 우리는 영생의 선물을 받는다. 예수님은 그를 믿는 모든 사람들의 삶 속에 영원을 "창시하셨다." 이것은 단순히 우리가 우리의 죄를 용서받고, 천국에 갈 것을 아는 것보다 훨씬 더 많은 것을 포함한다. 그리스도께 속한 자들은 하나님의 바로 그 생명의 일부가 되었으며, 영원의 영역으로 영원히 들어갔다.

예수 그리스도가 "기묘자"이시기 때문에, 그는 삶의 권태를 제거하신다. "모사"로서 그는 삶의 결정들을 지도하신다. 그 "전능하신 하나님"은 우리로 하여금 삶의 요구들을 감당할 수 있게 하시고, 이제 "영존하시는 아버지"는 우리의 삶에 새로운 차원을 열어 놓으신다. 우리는 영원에 속한다.

영원을 위해 창조됨

하나님은 영원을 위해 우리를 창조하셨다. "하나님이 모든 것을 지으시되 때를 따라 아름답게 하셨고 또 사람들에게는 영원을 사모하는 마음을 주셨느니라 그러나 하나님이 하시는 일의 시종을 사람으로 측량할 수 없게 하셨도다"(전 3:11). 이 구절은 하나님이 사람으로 하여금 삶의 표피에서 만족하지 않고 불변하고 영원한 것을 사모하는 깊은 갈망을 갖도록 사람의 마음을 지으셨음을 말하고 있다.

보다 고상하고 나은 순간들에, 우리는 이 짧은 육신의 삶 이상의 무엇이 있으며 시간이 줄 수 있는 그 어떤 것보다 더 큰 무엇을 위해 우리가 지음을 받은 것을 알고, 이 잃어버린 차원을 찾으려 한다. 어떤 의미에서 과학과 철학과 탐험과 심지어 종교들까지, 인간의 모든 탐구들은 영원에 대한 이 깊은 목마름을 입증하는 것이다. 얼마나 많은 사람들이 그들이 원하던 바를 달성할 수 있는 또 다른 삶을 갈망하며 죽었는가. 영국 식민지 시대 남 아프리카의 건축가 시실 로드스(Cicil Rhodes)처럼, 그들은 "아직 할 일이 너무 많이 남았는데…"라고 하면서 죽는다.

그렇다. 우리는 영원을 위해 창조되었다. 그러므로 우리가 영원에 참여하기 전까지 우리는 진실로 행복하고 만족할 수 없다. 삶은 빠르고 순간이며, 깊이가 있는 사람은 언제나 더 많은 것을 성취하기 원한다. 바로 이 시간과 영원의 긴장을 어떻게 해결하는가가 우리의 삶의 철학과 종교적 신앙을 결정한다.

어떤 사람들은 영원과 영원하신 하나님 없이 오직 시간을 위해서만 산다. 그러나 그들은 곧 깊이와 영감을 잃어버린다. 왜냐하면 사람은 70년의 세월보다 더 숭고한 무엇을 위해 지음을 받았기 때문이다. 그들의 철학은 필연적인 한계에 부딪힌다. "먹고, 마시고, 즐기라, 내일은 우리가 죽기 때문이다." 만약 하나님도 없고 영원도 없다면, 왜 오늘에 최선을 다하려고 수고하는가? 가능한 빨리 그 날의 일을 해치우라.

시간과 영원의 이 긴장을 해결할 길이 있는가. 그렇다. 있다. 그것은 하나님의 영원하신 아들, 예수 그리스도이시다.

영원이 시간을 침범했을 때

하나님은 영원을 위해 우리를 지으셨고, 예수 그리스도는 그 영원을 보여주고 나누시기 위해 이 땅에 오셨다. "태초부터 있는 생명의 말씀에 관하여는 우리가 들은 바요 눈으로 본 바요 자세히 보고 우리의 손으로 만진 바라 이 생명이 나타내신 바 된지라 이 영원한 생명을 우리가 보았고 증언하여 너희에게 전하노니 이는 아버지와 함께 계시다가 우리에게 나타내신 바 된 자이시니라"(요일 1:1-2).

확실히 창조와 율법은 영원하신 하나님을 계시한다. 그러나 그 계시들 각각은 한계를 지녔다. 창조는 하나님의 존재와 그의 능력과 지혜를 계시하나, 하나님의 사랑이나 그의 은혜에 관해서는 거의 말하지 않는다. 율법은 하나님이 거룩하시고 공의로우시며, 그의 백성도 거룩하기를 그가 원하시는 것을 계시하나, 죄인의 마음을 변화시키거나 그의 동기나 행동을 통제하지는 못한다. 하나님은 역사의 사건들에서 자신을 계시하셨고 그가 그의 백성을 돌보심을 보여주셨다. 그러나 이 역사상의 계시 역시 인간이 그토록 필요로 하는 인격적인 접촉은 결여된다.

그의 아들을 땅에 보내심에 있어, 하나님은 영원이 시간을 침범하게 하셨다. 이는 일시적인 방문이 아니었다. 예수께서 오셨을 때, 그는 흙과 신성과, 시간과 영원을 하나로 결합시키셨다. 영원하신 말씀이 인간의 몸이 되었으며, 그 연합은 영원히 지속될 것이다. 이 땅에서 완전하신 사람으로서 예수 그리스도는 우리에게 영원을 위해, 영원에 의해 사는 것이 어떤 것인지를 보여주셨다. 그는 어떤 사람도 살지 않은 방식으로 사셨고, 심지어 세리들과 죄인들조차 그가 다르다는 것을 알았다. 복음서의 기록들을 읽을 때, 우리는 영원하신 아들이 시간의 세상 속으로 들어오셔서 영원이 실제이며 우리를 만족케 하는 것을 입증하시는 것을 본다.

예수님은 단순히 태어나신 것이 아니었다. 그는 "세상에 오셨다." 그는 영원에서부터 시간을 침범하셨다. 그의 말씀은 "영생의 말씀"이다(요 6:68). 그의 행위는 그 속에 영원의 특징을 담고 있었다. 그는 여느 사람이 말하지 않은 것을 말하셨고, 여느 사람이 살지 않은 방식으로 사셨다. 그의 가치들은 당시의 종교적 지도자들의 가치들과 확연히 달랐고, 이 때문에 그는 기존의 종교 제도에 도전하셨다. 예수님은 영원의 눈으로 사람들을 보셨고, 시간의 덧없는 의견들에 의해 조금도 속박되지 않으셨다. 세리와 죄인들은 그에게 소외자들이 아니라, 목자가 필요한 잃어버린 양들이었으며 의원이 필요한 병자들이었다. 예수님은 성전의 돌들에 감동받지 않았다. 그는 영원히 지속될 성전을 짓고 있었기 때문이었다. 백합화를 보시거나 참새가 떨어지는 것을 보실 때, 예수님은 하늘에 계신 영원하신 아버지를 생각하셨다.

예수님이 말씀하시거나 만지신 거의 모든 것이 새로운 차원이었는데, 이는 그가 "영존하시는 아버지"이시기 때문이었다. 예수님이 축복하시고 떼어 주실 때 평범한 빵과 포도주가 영원에 접촉되었다. "이것은 너희를 위하여 주는 내 몸이라. 이것은 내 피로 세우는 새 언약이라." 제자들이 어린 아이들을 데리고 온 부모들을 꾸짖을 때, 주님은 그들에게 "어린 아이들이 내게 오는 것을 금하지 말라"고 말씀하시고, 유년의 시기를 그것의 최고의 수준에까지 높이셨다. "너희가 돌이켜 어린 아이들과 같이 되지 아니하면 결단코 천국에 들어가지 못하리라"(마 18:3).

하나님은 영원을 위해 우리를 지으셨다. 삶에는 우리의 눈이 보는 것 이상의 무엇이 있다. 예수 그리스도에게서 우리는 영원이 계시된 것을 본다. 이는 그가 우리의 영원한 생명이시기 때문이다. 그러나 어떻게 우리가 영원을 경험하는가? 우리는 죄인들이며, 죄인들은 영생이 아니라 영원한 사망에 처해지지 않는가(계 20:11-15)? 죄에 참여하는 모든 것은 사망에 이른다. 그러므로 우리가 죄로 불리는 이 무서운 것을 처치할 수 없다면, 우리는 결코 영원의 놀라운 차원으로 들어갈 수 없다.

시간과 영원이 만났을 때

예수님은 영원을 계시하시기 위해 이 땅에 오셨고, 우리가 그 영원에 참여할 수 있게 하기 위하여 죽으셨다. "하나님이 세상을 이처럼 사랑하사 독생자를 주셨으니 이는 그를 믿는 자마다 멸망하지 않고 영생을 얻게 하려 하심이라"(요 3:16).

죄는 우리가 영생을 경험하는 데 가장 큰 장벽이다. 죄는 영원하지 않다. 오직 하나님만이 영원하시다. 죄는 하나님

밖에 있으며, 사망을 낳는다. 이는 하나님은 영원한 생명이시기 때문이다. 우리의 본성은 죄에 참여하며, 따라서 영생에는 외인이다. 우리는 하나님의 형상에 따라 창조되었으므로, 우리의 마음속에는 영원에 대한 갈망이 있다. 그러나 우리가 우리의 죄에 대해 무언가를 하지 않는다면, 우리는 그의 영원한 생명에 결코 참여하지 못할 것이다.

하나님은 그의 아들을 보내어 십자가에서 죽게 하심으로, 우리를 위해 이 죄 문제를 해결하셨다. 갈보리에서 시간과 영원이 만났다. 예수 그리스도는 "창세 전부터 미리 알린 바" 되고(벧전 1:20) "죽임을 당한" 하나님의 어린 양이시다(계 13:8). 하나님의 위대한 구원 계획은 성급한 뒷 궁리가 아니었다. 그의 백성은 "창세 전에 그리스도 안에서"(엡 1:4), "영원부터 우리 주 그리스도 예수 안에서 예정하신 뜻대로" 선택되었다(엡 3:11).

예수 그리스도가 베들레헴에서 탄생하였을 때, 시간과 영원이 한 사람 속에서 만났다. 그가 갈보리에서 죽었을 때, 시간과 공간은 그가 지불한 대가에서 만났고, 그 대가는 하나님의 거룩한 율법의 요구를 만족시키고 죄인들이 용서받고 영원에 참여할 수 있는 길을 열었다.

단순한 종교는 결코 죄를 없애거나 그 죄인을 영원에 참여하게 할 수 없다. 종교는 시간에 속한다. 우리는 영원에서 시간 속으로 들어와 우리의 죄를 없앨 수 있는 구세주가 필요하다. 예수 그리스도에게서 우리는 그와 같은 구세주를 만난다. 그는 "자기에게 순종하는 모든 자에게 영원한 구원의 근원"이 되신다(히 5:9). 그의 피를 흘리심으로써, 그는 우리를 위해 "영원한 속죄를 이루사"(히 9:12), 우리에게 "영원한 기업"을 약속하셨다(히 9:15). 우리가 그를 신뢰할 때, 그는 영생의 선물을 주신다. "내가 그들에게 영생을 주노니 영원히 멸망하지 아니할 것이요 또 그들을 내 손에서 빼앗을 자가 없느니라"(요 10:28).

우리에게 "영존하시는 아버지"가 되시기 위해, 그는 십자가에서 고통을 당하셔야 했다. 우리가 영원한 생명으로 태어나는 데는 그의 죽으심이 필요하였다. 영생의 선물은 결코 값싸게 얻어지지 않았다.

영원의 삶

그러나 예수 그리스도는 또 다른 면에서 "영존하시는 아버지"이시다. 그는 이제 우리의 일상의 삶에 영원한 목적과 특

질을 주시기 위해 사신다. 죄는 큰 낭비이고, 사탄은 큰 파괴자이다. 세상에서 대부분의 사람들은 사는 것이 아니라 단순히 존재할 뿐이다. 그들이 의지하고 목적하여 사는 것들이 그들에게 충분히 만족을 주지 못하며 영원히 지속되지도 못한다. 대다수의 사람들은 대용물들에 의지하여 살며, 그 대용물들은 그들에게서 하나님이 그들에게 누리기를 원하시는 삶의 참된 경험들을 빼앗아가고 있다. 시간을 영원에 투자하여 지금 여기서 만족스러운 이익을 누리는 대신에, 대부분의 사람들은 시간을 "쓰고" 허비하고, 그로써 영원을 빼앗기고 있다. 예수 그리스도를 믿는 사람은 그토록 적은 수익을 위해 그토록 큰 값을 지불하기를 원하지 않는다.

그리스도인들에게 있어 예수 그리스도는 시간의 통제자이다. "나의 앞날이 주의 손에 있사오니"(시 31:15). 예수님 자신이 이 땅에서 사역하실 때 그렇게 사셨다. 요한복음을 읽을 때, 우리는 그가 하나님의 시간표에 맞추어 사셨던 것을 깨닫지 않을 수 없다. 그의 사역의 시초에 그는 마리아에게 말씀하셨다. "내 때가 아직 이르지 아니하였나이다"(요 2:4). 그의 동생들에게 "내 때는 아직 이르지 아니하였거니와 너희 때는 늘 준비되어 있느니라"고 하셨다(요 7:6). 불신자도 그것을 따라야 했다. 그의 대적들이 그를 잡으려고 하였을 때, 그들은 "그의 때가 아직 이르지 아니하였으므로" 그것이 불가능하다는 것을 알았다(요 7:30). 종교 지도자들은 그가 성전에서 가르치시고 있을 때 그를 잡고자 하였으나, "그의 때가 아직 이르지 아니하였으므로" 실패하였다(요 8:20). 예수님이 마리아와 마르다가 그를 필요로 하기 때문에 유대 지방으로 돌아갈 것을 말씀하셨을 때, 제자들은 놀라고 두려워하였다. 그들은 항변하였다. "랍비여 방금도 유대인들이 돌로 치려 하였는데 또 그리로 가시려 하나이까?" 예수님의 대답은 아버지의 계획과 목적에 대한 그의 마음의 조용한 확신을 보여 주었다. "낮이 열 두 시간이 아니냐"(요 11:8-9). 다시 말해, "나는 보는 것으로 행하지 않고 믿음으로 행한다. 나의 아버지는 계획을 가지고 계시고, 나는 그것을 따를 것이다."

그것은 겟세마네 동산에서 그 절정에 달하였다. 그는 십자가를 직면하여 그 마지막 복종을 하였다. "아버지여 때가 이르렀나이다"(요 17:1).

"내 시대가 주의 손에 있나이다." 하나님은 지금도 여전히 그의 백성을 위해 계획을 가지시며 삶을 통해 그들을 인도하시는가? 그렇다. 태초에 시간을 창조하신 하나님이 최후 심판의 날까지 그의 웅장한 창조 세계를 내버려두신다는 것이 말이 되는가? 히브리서 1:2에 따르면, 예수 그리스도는 "시대들을 틀에 따라 만드셨다"(문자적 번역). 이것은 심지어 역사상의 시대도 그의 통제 하에 있음을 의미한다. 다윗은 뒤를 돌아보며 "내가 어려서부터 늙기까지 의인이 버림을 당하거나 그 자손이 걸식함을 보지 못하였도다"(시 37:25)라고 했다.

그들의 순례가 마지막에 이르렀을 때, 하나님의 성도들은 뒤를 돌아보며 하나님의 손이 그들의 삶의 모든 순간에 함께 하신 것을 볼 것이다. 이것은 일어난 모든 일이 하나님의 계획 안에 있었다거나 전혀 우회(迂廻)가 없었다는 것을 의미하지 않는다. 그것은 하나님이 그의 영원한 목적을 성취하시기 위해 그들의 삶을 다스리시고 지배하셨다는 것을 의미한다.

예수 그리스도가 시간을 통제하시는 바로 그 사실은 우리의 삶에서 기도와 하나님의 말씀의 중요성을 보여준다. 우리가 하나님과 교제할 때, 그는 그가 우리에게 하기를 원하시는 바를 말씀하시고 알려주신다. 우리가 기도할 때, 우리는 영원을 붙든다. 성령에 복종한 마음과 생각은 시간과 영원이 만나는 장소가 된다. 그 때 우리는 "내 시대가 주의 손에 있나이다"를 정직하게 말할 수 있다.

예수 그리스도는 시간을 통제하실 뿐 아니라, 그는 시간을 정복하신다. 불신자에게 있어 시간은 원수이다. 그러나 헌신된 그리스도인에게 있어 시간은 친구이다. 예수 그리스도는 우리를 구원하시고 우리의 삶에 하나님의 영원한 목적을 이루시기 위해 시간 속으로 들어오셨다(엡 2:8-10). 시간이 우리의 적이 아니라 우리의 우방이 되었다.

어떻게 시간이 사람들을 대적하는가? 그 한 방법은 지연(遲延)이다. 사람들은 시간을 통제할 수 없다. 시간은 일정하게 정해진 속도로 움직일 뿐, 사람이 결코 그것을 방해하거나 바꿀 수 없다. 어린 아이는 시간이 빨리 가기를 원하고, 어른은 시간이 더디 가기를 원한다. 고난당하는 자들은 "여호와여 어느 때까지나이까?"라고 절규한다. 어떤 사람들은 피터팬과 같이 시간을 멈추게 하고 어린 시절의 순진한 기쁨 속에 남아 있기를 원한다. 다른 이들은 어른이 되어야 누릴 수 있는 즐거움을 누리기 위해 시간을 재촉한다. 시간은 정의하기 어렵고, 통제가 불가능하다.

그러나 그리스도인들은 지연에 대해 결코 염려하지 않는다. 왜냐하면 그의 시대가 하나님의 손에 있기 때문이다. 예수님은 베다니에 사는 그의 가까운 친구들의 슬픔을 생각하실 때, "낮이 열 두 시간이 아니냐?"고 말씀하셨다. 사실 예수님은 그가 도착하실 무렵 나사로가 무덤에 나흘간 있게 하기 위하여 베다니로 가시는 것을 고의적으로 지체하셨다. 예수님은 그의 시대가 아버지의 손에 있었기 때문에 두려움 없이 생을 지나셨다. 우리는 이와 동일한 확신으로 우리의 생을 지날 수 있어야 한다. 왜냐하면 그가 시간을 정복하셨기 때문이다.

우리는 지연을 두려워할 필요가 없으며, 시간의 두 번째 무기가 되는 부패도 두려워할 필요가 없다. 한 찬송가 작사자가 쓴 대로, "변화와 부패를 사방에서 나는 본다."[1] 변화와 부패는 대부분의 사람들이 두려워하는 적이다. 시편 90편은 시간의 참화(慘禍)를 우리의 영원하신 하나님의 고요한 불변성과 대조하여 생생하게 묘사한다. 그 시편을 장엄하게 부연 설명한 데서, 이삭 왓츠는 다음과 같은 시를 썼다.

> 시간은, 쉬지 않고 흘러가는 강과 같이,
> 그것의 모든 아들들을 휩쓸어 간다.
> 낮이 시작될 때 꿈이 죽음과 같이
> 그들은 날아가며, 잊혀진다.

어린 시절의 변화는 과자와 같이 달콤하나, 나이가 들면서의 변화는 위협이 된다. 그러나 예수 그리스도가 우리의 삶을 주장하실 때, 우리는 결코 변화나 부패를 두려워할 필요가 없다. 바울은 이 비밀을 알았다. "우리가 잠시 받는 환난의 경한 것이 지극히 크고 영원한 영광의 중한 것을 우리에게 이루게 함이니 우리가 주목하는 것은 보이는 것이 아니요 보이지 않는 것이니 보이는 것은 잠깐이요 보이지 않는 것은 영원함이라"(고후 4:17-18). 우리가 영원에 속할 때, 만약 우리가 믿음으로 그리스도 안에 거한다면 물질적인 것들의 썩음은 영적인 것들의 완전을 앞당길 뿐이다.

시간의 궁극적인 무기는 사망이다. 예수 그리스도는 그 원수 역시 정복하셨다. 그러므로 바울은 승리에 차서 외칠 수 있었다. "사망아 너의 승리가 어디 있느냐? 사망아 네가 쏘는 것이 어디 있느냐?"(고전 15:55). 인간은 지연과 부패를 극복하기 위한 방법들을 발명하였으나, 아직 사망을 정복하지는 못했다. 오직 예수 그리스도만이 그것을 하실 수 있다. 그는 말씀하셨다. "나는 부활이요 생명이라." 그리고 그는 나사로를 무덤에서 일으키심으로써 그것을 입증하셨다(요 11:25-26, 43-44).

베다니에서 일어난 그 극적인 장면에서 우리는 주님이 시간의 무기들인 그 세 가지 모두를 패퇴시키신 것을 본다. 그는 베다니로 향하기 전에 이틀을 더 기다리심으로써 지연을 이기셨다. 그가 도착하셨을 때, 나사로는 썩기 시작하고 있었다. 그래서 그의 여동생은 "주여 죽은 지가 나흘이 되었으매 벌써 냄새가 나나이다"라고 항의하였다(요 11:39). 그러나 예수님은 지연과 부패를 극복하셨다. 그는 그의 친구를 죽음에서 일으키셨고, 그의 사랑하는 가족들에게 그를 돌려주었다. 예수 그리스도는 완전히 시간을 정복하셨다.

예수님은 그가 영원하시기 때문에 시간을 정복하실 수 있다. "나는 알파와 오메가요 처음과 마지막이라"(계 21:6). 그는 영원에 거하시기 때문에 시간이나 공간의 제한을 받지 않으신다. 그는 시간 위에 계시며, 그 때문에 시간을 정복하고 다스리실 수 있다. 그가 시간 속으로 들어오셨기 때문에, 그는 우리의 보잘것 없는 삶에 영원을 가져다주실 수 있고, 우리를 광대한 새로운 차원의 경험으로 옮기실 수 있다. "하나님의 뜻을 행하는 자는 영원히 거하느니라"(요일 2:17).

시간은 미래(내일)로부터 현재(오늘)로 흘러들고, 다시 과거(어제)로 흘러간다. 인간은 과거에서 온다. 오직 하나님만이 미래에 사신다. 그렇다면 현재는 미래와 과거의 만남이며, 그 만남은 승리나 비극 둘 중 하나로 짐 지워질 수 있다. 예수 그리스도가 우리의 삶을 다스리실 때, 그는 우리에게 영원에서 나오는 삶의 특징을 주시기 때문에, 삶의 각 순간은 영원한 의의를 지닌다.

"영생"은 영원히 사는 것의 훨씬 이상이다. 이는 심지어 불신자들도 영원히 존재할 것이기 때문이다. "영생"은 "영원의 삶"을 의미한다. 그것은 우리가 지금 여기서 그리스도 안에서 가지는 경험이다.

예수 그리스도는 우리를 영원을 위해 만드셨다. 그를 거부하는 것은 우리가 창조된 바로 그 목적을 놓치는 것이다. 그는 영원을 보여주시기 위해 이 땅에 오셨고, 우리에게 영생을 주시기 위해 죽으셨다. 그는 시간을 정복하시고 다스리심으로, 날마다 우리에게 영원이 실제적이며 신나는 경험이 되게 하신다.

그러나 "영존하시는 아버지"로서 그가 수행하시는 또 다른 사역이 있다. 언젠가 그는 영광스러운 영원한 집으로 우리를 데려가시기 위해 다시 오실 것이다. 그곳은 시간도 지연도 사망도 없는 곳이다.

더 이상 시간이 없을 때

그리스도를 믿는 믿음으로 죄에서 구원되는 것이 끝이 아니다. 그것은 오히려 시작이다. 최상의 것은 아직 오지 않았다. "주께서 호령과 천사장의 소리와 하나님의 나팔 소리로 친히 하늘로부터 강림하시리니 그리스도 안에서 죽은 자들이 먼저 일어나고 그 후에 우리 살아 남은 자들도 그들과 함께 구름 속으로 끌어 올려 공중에서 주를 영접하게 하시리니 그리하여 우리가 항상 주와 함께 있으리라"(살전 4:16-17). "나팔 소리가 나매 죽은 자들이 썩지 아니할 것으로 다시 살고 우리도 변화되리라"(고전 15:52).

우리에게 있어, 이 마지막 변화가 최후의 변화가 될 것이고, 시간은 더 이상 존재하지 않을 것이다. 우리는 우리의 완전함 가운데 영원에 참여할 것이다. 우리의 영광스러운 새 몸은 부패나 사망을 전혀 알지 못할 것이다. 우리는 그리스도와 더불어 영원에 살 것이다. 잃어버린 자들은, 슬프게도, 하나님과 영원히 분리되어 둘째 사망인 영원한 사망에 처할 것이다. 그것은 그리스도가 없는 삶의 비극이다.

영원하신 성령이 우리의 삶에 역사하시기 때문에, 우리는 하나님의 영원한 계획과 역사(役事)에 참여한다. 우리가 그의 말씀에 순종할 때, 우리의 삶은 영원한 것의 특징을 지닌다. 우리는 시간에 살지만, 동시에 영원을 위해 산다. "하나님의 뜻을 행하는 자는 영원히 거하느니라"(요일 2:17). 삶은 "쓰여지는" 것도 낭비되는 것도 아니다. 삶은 영원에 투자된다. 우리가 삶에서 무엇을 경험하든지 우리가 믿음으로 행할 때,

그것은 영원히 하나님을 영화롭게 할 영원한 투자의 일부가 된다. 영원한 것은 너무도 영화로워서 일시적인 것들이 그것들의 짐과 문제들로 우리를 낙심시키거나 패배하게 할 수 없다. 겉사람은 후패하나 속사람은 날마다 새로워지고 있다.

　예수 그리스도는 "영존하시는 아버지"이시다. 우리의 구세주이자 주님이신 그분으로 하여금 우리의 삶에 영원을 낳게 하라. "사람이 만일 온 천하를 얻고도 자기 목숨을 잃으면 무엇이 유익하리요"(막 8:36).

5 평강의 왕

 그의 이름은 "평강의 왕"이다. 이것을 믿는 것은 삶의 불안들을 제거해 준다. 예수님은 지금도 그를 따르는 자들에게 말씀하신다. "평안을 너희에게 끼치노니 곧 나의 평안을 너희에게 주노라"(요 14:27).

 대부분의 중요한 낱말들과 마찬가지로, "평강"은 모든 사람들에게 모든 것이 되어 왔다. 어머니는 그녀의 잠든 아기의 얼굴을 보며 평화를 생각한다. 시인은 옛 묘지의 낡은 비석들을 바라보며 평화를 생각한다. 그럼에도 누가 자라나는 아기의 잠재적 가능성을 묘지의 얼어붙은 적막한 고요와 바꾸겠는가?

 구약 시대의 유대인들은, 비록 그것을 항상 실제로 경험하지 않을지라도, 그 "평강"이란 낱말이 무엇을 의미하는 지를 알았다. 그들에게 있어 "평강"(샬롬)은 고요나 전쟁의 부재 이상을 의미하였다. 평강은 인류의 복지를 위해 만들어진 살아 있고 약동하는 그 무엇이었다. 평강은-조지 모리슨 박사(Dr. George Morrison)가 표현한 대로-"적절한 자원의 소유"를 의미하였다. 그것은 외부의 상황과 전혀 관계가 없다. 그것은 전적으로 내부의 상태와 관계 있다.

나는 사람들이 아름다운 자연의 고요함 속에 앉아 있다가, 점차 무료를 느끼며, 담배를 연이어 피우고, 술을 연거푸 마시면서, 권태를 불평하는 것을 지켜보았다. 나는 또 사람들이 복잡하고 시끄러운 도시의 한가운데에서, 오직 도시만이 만들어낼 수 있는 마멸적인 소음과 사람들에 둘러싸인 채, 미소짓고 웃는 것도 지켜보았다. 나는 그들이 휘파람을 불고 노래하는 것을 들었다. 나는 그들이 혼란의 와중에서도 평화로운 사람들인 것을 알았다.

그 차이는 무엇인가? 예수 그리스도는 "평강의 왕"이시다.

그리스도 우리의 평화

"평강의 왕"으로서 예수 그리스도를 생각할 때, 우리는 즉시 그의 인격을 생각한다. 예수님은 평강의 사람이었다. 그의 삶의 여러 상황에서 그를 볼 때, 우리는 알 수 있다. 그는 어부였던 그의 제자들까지도 두려움으로 떨었던 위협적인 폭풍의 한가운데서도 배 안에서 주무실 수 있었다. 그는 오천 명이 넘는 허기진 무리를 보며, 걱정하는 그의 제자들에게 그가 무엇을 하실지 알고 계심을 확신시키셨다. 야이로의 집에서 곡하던 사람들은 그 소녀가 단지 잠자고 있을 뿐이라고 그가 말씀하셨을 때 그의 면전에서 조롱하였으나, 그는 조용히 소녀의 방에 들어가 그녀를 살리셨다. 심지어 가다라 지방의 무덤 사이에 살던 두 명의 귀신들린 자들도 그를 놀라게 하지 못하였다. 그는 "평강의 왕"이기 때문에, 그들의 분열되고 지친 마음에 평안을 가져다 줄 수 있었다. 겟세마네 동산에서 베드로는 칼을 꺼내 싸움을 시작하였으나, 예수님은 조용히 폭도들을 바라보시며 비록 그 길의 끝에 골고다가 있는 것을 아시면서도, 순순히 체포에 응하셨다.

우리 주님에 대한 "재판"은 정의의 완전한 왜곡이었다. 그럼에도 그는 조용히 재판자들 사이를 오가셨다. 그리고 "마치 도수장으로 끌려가는 어린 양과 털 깎는 자 앞에 잠잠한 양같이 그 입을 열지 아니하였도다"(사 53:7). 빌라도는 그의 침묵에 놀라움을 금치 못하였다. 대부분의 죄수들은 그들의 형 집행자들을 저주하지만, 예수님은 오히려 그들을 위해 기도하셨다. "아버지 저들을 사하여 주옵소서 자기들이 하는 것을 알지 못함이니이다"(눅 23:34). 십자가 밑에 서 있던 어떤 사람이 그에게 신 포도주를 주었으나, 그는 하나님의 영원하신 목적을 분명하고 또렷한 정신으로 성취하기 위하여 그것을 거절하셨다. 우리 주님의 평강은 곤란이 없거나 마취제를 사용함으로 온 것이 아니었다. 그것은 그가 성부 하나님과 교제하는 그의 영혼의 깊은 곳에서 왔다.

평강과 인격은 조화한다. 우리가 무엇을 하는지는 우리가 어떤 사람인가에 크게 달려 있다. 우리 주님의 평강의 비밀은 그와 그의 아버지 하나님과의 관계였다. 제자들과 함께 다락방에서 겟세마네 동산으로 가실 때 말씀하셨다. "오직 내가 아버지를 사랑하는 것과 아버지께서 명하신 대로 행하는 것을 세상이 알게 하려 함이로라"(요 14:31). 그는 아버지를 사랑하셨고, 그러므로 아버지를 신뢰하셨다. 이것이 그에게 평안을 주었다.

예수 그리스도는 인간의 몸으로 나타나신 하나님이셨다.

그러나 그가 이곳에 계셨을 때, 그는 그의 신적인 속성들을 독립적으로 사용하기를 보류하시고 성부 하나님을 믿는 믿음으로 사셨다. 사탄은 그의 신적인 능력을 스스로 사용하도록 그를 유혹하였으나, 그는 아버지를 신뢰하는 쪽을 택하셨다. 예수님은 우리가 살고 섬겨야 하는 바로 그 방식으로 사시고 섬기셨다. 그는 말씀을 믿으며, 기도하고, 성령을 의지하고, 성부 하나님을 사랑하고 신뢰하셨다.

의와 평강은 조화한다. "공의의 열매는 화평이요 공의의 결과는 영원한 평안과 안전이라"(사 32:17). 우리 주님의 첫 번째 관심은 평강이 아니었다. 그것은 의였다. 그는 한번도 "어떤 대가를 치르더라도 평안을"이라고 외치지 않으셨다. 의가 없는 평강은 악한 자의 군대에 승리를 줄 것이다.

예레미야는 이런 거짓된 평강을 탄식하였다. "그들이 내 백성의 상처를 가볍게 여기면서 말하기를 평강하다 평강하다 하나 평강이 없도다"(렘 6:14). 우리 주님을 재판할 당시 서로 원수였던 헤롯과 빌라도가 친구가 되었으나, 그것은 의에 근거하지 않았기 때문에 거짓된 평화였다. "내 하나님의 말씀에 악인에게는 평강이 없다"고 하셨다(사 57:21).

만약 평강이 적절한 자원의 소유라면, 인격은 우리의 가장 큰 자원이기 때문에, 인격 형성이 우리의 삶에서 가장 중요한 자리를 차지해야만 한다. 사람들이 무엇을 가지고 있든지, 그들이 인격을 가지고 있지 않다면, 그들은 아무것도 가진 것이 아니다. 인격 형성은 하나님의 성령의 역사이다. "오직 성령의 열매는 사랑과 희락과 화평과…"(갈 5:22). 성령은 우리가 좀 더 예수 그리스도와 닮도록 우리를 변화시키기를 원하신다. 우리가 점점 그를 닮아갈 때, 성령의 열매가 우리의 삶 속에 맺혀진다.

우리는 하나님이 우리의 환경을 변화시키기를 원하지만, 하나님은 우리의 인격을 변화시키기를 원하신다. 우리는 평강이 밖에서 안으로 들어온다고 생각하지만, 실제로 그것은 안에서 밖으로 나간다. 우리의 마음은 그리스도와 자아 둘 중 누가 그것을 지배하는가에 따라, 전쟁을 지니기도 하고 평강을 지니기도 한다. 예수 그리스도는 그가 평강이시기 때문에 평강을 가져오신다. 우리가 그와 같아질수록, 우리는 그의 평강을 더 많이 경험하고, 그것을 다른 이들과 나눌 수 있다.

하나님과 사람의 평화

"평강의 왕"이 되는 것은 그의 인격뿐 아니라 그의 십자가와도 관계된다. "그의 십자가의 피로 화평을 이루사"(골 1:20). 십자가 때문에, 우리는 하나님과 평화할 수 있고(롬 5:1), 사람들과도 서로 평화로울 수 있다. 예수님은 "만물 곧 땅에 있는 것들이나 하늘에 있는 것들이 그로 말미암아 자기와 화목하게" 하셨다(골 1:20).

이 시대의 악한 세상은 오랫동안 버려진 헛간처럼 산산이 조각나고 있어, "화목케 하다"(reconcile)란 낱말의 정의가 전혀 필요 없다. 오히려 필요한 것은 하나님의 백성의 삶 속에서 화목을 실증하는 것이다. 화목은 인간의 마음의 가장 깊은 갈망을 나타낸다. "우리를 다시 화목케 하라."

인간의 역사는 조화에서 시작되었으나, 죄가 인간을 하나님과 분리시켰다. 그리고 오래지 않아 가인이 아벨을 죽였을 때, 인간은 다른 인간과도 분리되었다. 거대한 분열자이자 파괴자인 죄가 인류 속에서 활약함으로 마침내 "포악함이 땅에 가득한지라"(창 6:11). 하나님은 세상을 심판하심으로 그것을 쓸어 버리시고, 노아와 그의 가족과 새롭게 시작하셨다. 그러나 그 독은 인간의 몸에 너무 깊이 배어 있었다. "사람의 마음이 계획하는 바가 어려서부터 악함이라"(창 8:21). 나쁜 과실을 맺는 가지를 제거하는 것으로는 불충분하였다. 썩은 뿌리에 무슨 조치가 취해져야 했다.

죄를 정복하기 위한 최후의 치명타를 가하는 데에는 하나님의 아들이 이 땅에 오셔야 했다. 베들레헴에서 그는 육신이 되어 인류 속에 오셨다. 갈보리에서 그는 인류의 죄와 허물을 그 자신의 몸에 지셨다. 십자가는 죄인들과 긍휼하신 하나님의 위대한 만남의 장소이다. "인애와 진리가 같이 만나고 의와 화평이 서로 입맞추었으며"(시 85:10). 죄인들과 하나님을 화목케 하기 위해 그의 십자가의 피가 필요하였다. 그리고 하나님과의 이 화평의 과는 인간이 서로 화목하게 되는 것이다. 일단 내부에서 싸움이 종식되면, 외부의 싸움을 종식시키기를 시작할 수 있다. 이는 그가 "우리의 화평"이시기 때문이다(엡 2:14). 예수 그리스도 안에서 죄인들은 하나님과 화목케 되며, 사람들끼리도 서로서로 화목케 된다.

우리는 사도행전에서 이 화목의 사역을 추적할 수 있다. 8장에서 에디오피아의 국고를 맡은 내시가 개종한다. 그는 함의 아들이었다. 9장에서 다소의 사울이 예수님을 만난다. 그는 셈의 아들이었다. 10장에서 고넬료와 그의 가족이 예수님을 믿고 성령의 선물을 받는다. 그들은 야벳의 자손들이었다. 이 모든 사람들이 하나님의 가족이 되었고, 그 벽들이 무너졌다. "너희는 유대인이나 헬라인이나 종이나 자유인이 남자나 여자나 다 그리스도 예수 안에서 하나이니라"(갈 3:28). 십자가 더하기 표시인 것은 우연이 아니다. 그것은 하나님의 화목의 장소, 하나님의 평강의 장소이다.

평화, 주님과의 우정을 누리는 것

"평강의 왕"으로서 그리스도의 사역의 또 다른 요소는 그와의 우정이다. 그를 사랑하고 신뢰하는 자들에게, 그의 임재는 평화를 가져다준다.

복음서를 읽을 때, 우리는 열 두 사도들이 종종 이런저런 일들로 동요된 것을 본다. 그들은 "누가 가장 큰 자인가" 또는 "우리는 무엇을 얻을 것인가?" 등을 물었다. 그들의 선생과 달리, 그들의 마음에는 불안과 싸움이 있었다. 어느 날 그들의 무리에 속하지 않은 어떤 사람이 귀신을 내쫓는 것을 보았을 때, 그들은 그를 막으려고 하였다. 어떤 마을이 예수님 영접하기를 거부하였을 때, 그 제자들은 하늘에서 불을 내려 그 마을을 멸하기를 원하였다. 그들은 자주 평화의 사도라기보다 말썽장이가 되었다. 그런데 우리가 그들을 엄격하게 판단하기 전에, 우리는 우리 자신들을 돌아볼 필요가 있다. 얼마나 자주 우리의 존재가 싸움을 일으켰는가?

그의 우정이 주는 평강은 특히 그의 체포와 십자가 사형 직전의 시간에서 볼 수 있다. 다시 말해, 제자들은 슬픔과 혼란과 두려움으로 마음이 찢기었다. 예수님은 그가 아버지께로 돌아가기 위해 그들을 떠나실 것을 말씀하셨다. 그리고 그는 그들 중 한 사람이 그를 배신할 것도 알리셨다. 베드로가 그의 충성과 용기를 확언함으로써 그 상황을 구해 보고자 하였을 때, 예수님은 조용히 베드로에게 그 역시 세 번이나 주를 부인함으로써 실패할 것을 말씀하셨다. 제자들이 믿었던 모든 것이 갑자기 그들에게서 떨어져 나갔다. 예수님이 "너희는 마음에 근심하지 말라"고 말씀하신 것은 당연하였다(요 14:1).

평강을 주는 것은 주님의 우정이었다. 그는 그들에게 말씀하셨다. "평안을 너희에게 끼치노니 곧 나의 평안을 너희에게 주노라 내가 너희에게 주는 것은 세상이 주는 것과 같지 아니하니라 너희는 마음에 근심하지도 말고 두려워하지도 말라"(요 14:27). 우리는 약국에 가서 수면제를 사거나 휴가를 떠나 휴식을 살 수는 있으나, 결코 평강을 살 수는 없다.

평강은 선물이며, 선물이신 사람이다. 그의 우정은 평안을 가져온다. 그의 죽음에 이어 혼란의 시간들이 지난 후, 제자들은 다시 그들의 주님을 만났다. 그는 그들에게 "너희에게 평강이 있을지어다"라고 말씀하셨다(요 20:19). 그리고 그는 그들에게 그의 손과 옆구리를 보여주셨다. 이는 평강의 선물이 그 자신의 생명이라는 엄청난 대가로 얻어진 것이기 때문이었다. 그리스도인에게 평강은 느낌이나 상황에 근거한 얕은 감정이 아니다. 신자에게 있어 평강은 십자가 상에서 그리스도의 승리의 역사에 근거한 깊은 확신이며 기쁨이다. 그의 상처가 상처입은 세상에 평강을 가져왔다.

예수 그리스도가 죽음에서 부활하시고 아버지께로 돌아가신 사실은 오늘날 우리가 그의 우정을 누리는 것을 가능하게 한다. 오늘날 하늘에서, 예수님은 우리의 대제사장, 우리의 멜기세덱, 우리의 "의의 왕…평강의 왕"이시다(히 7:1-3). 십자가에서 의와 평강이 서로 입맞추었으며, 보좌에서 의와 평강이 예수 그리스도를 통하여 통치되었다. 그가 우리의 친구가 될 때 우리는 그의 평강을 경험한다. "내가 사망의 음침한 골짜기로 다닐지라도 해를 두려워하지 않을 것은 주께서 나와 함께 하심이라"(시 23:4). "두려워하지 말라 내가 너와 함께 함이라 놀라지 말라 나는 네 하나님이 됨이라"(사 41:10).

우리가 날마다의 삶에서 그리스도와 동행할 때, 그는 말씀을 통해 우리에게 평강을 주신다. "이것을 너희에게 이르는 것은 너희로 내 안에서 평안을 누리게 하려 함이라 세상에서는 너희가 환난을 당하나 담대하라 내가 세상을 이기었노라"(요 16:33). 그리스도의 우정은 우리가 만들려고 애쓰는 무엇이 아니라, 우리가 하나님의 말씀을 통하여 기쁨으로 받는 그것이다. 그는 지금도 그의 말씀을 통하여 그분의 백성에게 말씀하시며, 그가 말씀하실 때 우리는 그의 평강이 우리의 마음을 채우는 것을 발견하게 된다. "내가 하나님 여호와께서 하실 말씀을 들으리니 무릇 그의 백성, 그의 성도들에게 화평을 말씀하실 것이라"(시 85:8).

우리는 하나님이 우리에게 그의 평강을 주시는 것이 우리로 하여금 뒤로 물러앉아 "영적인 사치"로 그것을 즐기도록 하기 위함이 아님을 기억해야 한다. 그가 우리에게 그의 평강을 주시는 것은 우리로 하여금 궁핍한 세상의 얽힌 문제들에 뛰어들어 자신들과 혹은 서로 싸움을 하고 있는 사람들에게 그리스도의 평강을 나누어 줄 수 있게 하기 위함이다. 바울은 이것을 "화목하게 하는 직분"으로 부른다(고후 5:14-21). "평강의 왕"이 우리의 삶을 다스리실 때, 하나님의 평강이 우리의 마음을 주장하게 된다(골 3:15). 이것은 우리를 화목케 하는 사역을 하는 평화의 사도들로 만든다. 예수님이 우리와 함께하시기 때문에 우리는 두려워할 필요가 없다.

바울이 고린도에서 어려움을 겪고 있을 때, 주님이 그에게 오셔서 말씀하셨다. "두려워하지 말며 침묵하지 말고 말하라 내가 너와 함께 있으매…"(행 18:9-10). 그가 예루살렘에서 체포되어 이제 그의 사역이 끝난 것으로 보일 때, 주님은 그에게 오셔서 말씀하셨다. "담대하라 네가 예루살렘에서 나의 일을 증언한 것같이 로마에서도 증언하여야 하리라"(행 23:11). 바울의 사역의 말기에 로마에서 죽음을 앞둔 죄수로 있을 때, 그는 젊은 디모데에게 이렇게 썼다. "내가 처음 변명할 때에 나와 함께한 자가 하나도 없고 다 나를 버렸으나…주께서 내 곁에 서서 나에게 힘을 주심은…"(딤후 4:16-17). 바울은 그리스도의 우정에서 평강을 찾았으며, 오늘 우리도 그렇게 할 수 있다.

그러나 우정은 연마되어야 한다. 우리 주님은 위기 때에만 호출되는 신적인 구조원이 되기를 원하지 않으신다. 그는 우리의 삶의 모든 면에 관여하시기를 원하신다. 그는 에녹과 아브라함과 동행하셨듯이, 우리와 동행하시기를 원하신다. 그는 모세와 다윗과 더불어 말씀하셨듯이, 우리와 더불어 말씀하시기 원하신다. 그는 세 명의 히브리 자녀들과 풀무불 속에 들어가셨듯이, 우리의 모든 시련에 동참하시기를 원하신다. "내가 그들 가운데 거하며 두루 행하여 나는 그들의 하나님이 되고 그들은 나의 백성이 되리라"(고후 6:16).

하나님이 우리에게 원하시는 것은 그를 향한 일편단심의 헌신이다. 그것은 우리 자신과 우리가 가진 모든 것이 그가 적절히 여기시는 대로 쓰시도록 그에게 속함을 의미한다. 바울은 그것을 "이는 내게 사는 것이 그리스도니"로 설명하였고(빌 1:21), 베드로는 "너희 마음에 그리스도를 주로 삼아 거룩하게 하고…"라고 말하였다(벧전 3:15).

지상에서 평화

"평강의 왕"으로서 우리 주님의 사역은 그가 재림하심으로 그의 원수들을 멸하고 이 땅에 그의 나라를 확립하실 때 절정에 달할 것이다. 그는 그의 탄생에서 예고된 대로 "땅에 평화"를 가져오실 수 있었으나, 그의 백성은 "우리는 이 사람이 우리의 왕 됨을 원하지 아니하나이다"라고 말하였다(눅 19:14). "땅에 평화"의 예고는 유효한 것이었다. 하나님이 실패하신 것이 아니라 사람들이 실패하였다.

그 백성이 그를 거부하였을 때, 예수님은 말씀하셨다. "내가 세상에 화평을 주려고 온 줄로 아느냐 내가 너희에게 이르노니 아니라 도리어 분쟁하게 하려 함이로라"(눅 12:51). 그는 그들이 평화에 관한 일을 알지 못하였기 때문에 예루살렘을 위해 우셨다(눅 19:41-42). "평강의 왕" 없이는 지상에 평화는 없으며, 있을 수도 없다. 종려 주일의 무리들이 소리친 것도 당연하다. "찬송하리로다 주의 이름으로 오시는 왕이여"(눅 19:38). 땅에는 평화가 없었으나 십자가로 인해 하늘에는 평화가 있을 것이다.

오늘날 땅에서 우리가 평화를 찾을 수 있는 유일한 장소는 어디든지 적게라도 천국이 있는 곳이다. 오늘날 하늘에는 평화가 있다. 그것은 그의 십자가의 피로 산 평화이다. 또한 그 십자가에 나와 그의 구원을 경험한 그의 백성의 마음에는 평화가 있다. 그러나 그가 재림하여 그의 나라를 세우실 때까지 지상에는 평화가 없을 것이다. "그 정사와 평강의 더함이 무궁하며 또 다윗의 왕좌와 그의 나라에 군림하여 그 나라를 굳게 세우고 이후로 영원히 정의와 공의로 그것을 보존하실 것이라 만군의 여호와의 열심이 이를 이루시리라"(사 9:7).

선지서들에서 발견되는 평강에 대한 위대한 약속들이 성취되는 것은 "평강의 왕"이 그의 보좌에 앉으실 때이다. 열

방은 그들의 칼을 쳐서 보습으로 만들 것이며, 인간은 더 이상 전쟁을 연구하지 않을 것이다.

그 동안에 우리는 그의 오심을 기다린다. 그리고 우리가 기다릴 때, 우리는 그의 평화를 누리며, 우리 주변의 고통하는 세상과 그의 평화를 나눌 수 있었다. 우리는 그를 사랑하며 그를 위해 수고하고, 그를 기대한다. 우리는 그가 다스리실 날과 시편 72장의 숨막히는 약속들이 성취될 날을 염원한다. "산들이 백성에게 평강을 주며…그는 벤 풀위에 내리는 비같이, 땅을 적시는 소낙비같이 내리리니 그의 날에 의인이 흥왕하여 평강의 풍성함이 달이 다할 때까지 이르리로다"(3, 6-7절).

주 예수여, 어서 오소서.

제 · 2 · 부
신약성경에 나온 예수님의 이름

6 나사렛 사람

일부 성경 학도들은 성경에 기록된 예수 그리스도의 이름과 호칭이 700가지가 넘는다고 주장한다. 예수 그리스도는 그의 인격과 사역에서 너무도 위대하시기 때문에 그를 설명하는 데 수백 개의 이름과 호칭이 필요하며, 우리가 그것들을 이해하는 데에는 영원이 걸릴 것이다.

왜 우리는 예수님의 그 놀라운 이름들을 연구해야 하는가? 그 이유는 그가 지니신 각 이름이 그가 베푸시는 축복이기 때문이다. 주 예수 그리스도의 이름들을 이해하면 할수록, 우리는 그를 더 잘 알게 될 것이다. 그를 더 알면 알수록, 우리는 그가 우리를 위해 하신 일과 또 오늘 우리를 위해 하실 수 있는 일을 더 잘 이해하게 될 것이다. 그리스도의 이름들은 그의 영광스러운 성품과 그의 백성에 대한 그의 은혜로운 사역을 계시한다. 우리는 그가 우리를 위해 가지신 모든 축복을 믿음으로 우리 것으로 만들기를 원한다.

나는 먼저 잘못 이해되어 온 이름인 "나사렛 사람"(Nazarene)에 대한 연구에서부터 이름들에 대한 연구를 시작하고자 한다. "[요셉이] 나사렛이란 동네에 가서 사니 이는 선지자로 하신 말씀에 나사렛 사람이라 칭하리라 하심을 이루려 함이러라"(마 2:23).

그 이름의 이해

아마 우리 주님이 이곳 지상에 계실 때 그를 밝히는 데 사용된 가장 흔한 이름은 "나사렛 예수"(Jesus of Nazareth) 또는 "나사렛 사람 예수"(Jesus the Nazarene)였을 것이다. 예수님은 유대 땅 베들레헴에서 태어나셨으나, 일반 백성은 그를 베들레헴 사람으로 알지 않았다. 그들은 그를 갈릴리 나사렛 사람으로 알았다. 심지어 미가서 5:2의 메시아에 관한 예언을 알았어야 할 종교 지도자들마저 그를 갈릴리 태생으로 알았다. "찾아보라 갈릴리에서는 선지자가 나지 못하느니라"(요

7:52).¹⁾

예수님이 그의 유년 시절을 보내시고(마 2:22-23; 눅 2:39-40, 51), 목수로서 요셉에게 일을 배우신 곳은 바로 나사렛이었다(막 6:3). 30세에 공생애를 시작하실 때 그는 나사렛을 떠나 성지 전역을 돌며 사역을 시작하셨다. 그가 나사렛에서 왔기 때문에, 예수님은 "나사렛 예수"란 호칭을 얻었다.

마태에 따르면 이 이름은 "선지자로 하신 말씀"을 이루기 위해 주어졌다. 흥미로운 점은 신약 성경에서는 나사렛이 30번이나 언급되었지만 구약 성경에서는 한 번도 언급되지 않았다는 사실이다. 그리고 구약 성경 어디에서도 우리는 "그가 나사렛 사람으로 불리리라"고 말하는 구체적인 예언을 찾을 수 없다.

"나사렛 사람"이란 이름을 이해하고자 할 때, 우리는 "나사렛 사람"을 "나실인"(Nazirite, 민 6장 참고)과 혼동하지 말아야 한다. "나실인"은 "서약으로 성별된" 것을 의미하며 특수한 때를 위해 하나님이 구별하신 사람들을 가리킨다. 확실히 우리 주님은 "거룩하고 악이 없고 더러움이 없고 죄인에게서 떠나 계시기" 때문에(히 7:26) 그의 아버지 하나님을 위해 완전히 구별되신 것이 틀림없다. 그러나 주 예수 그리스도가 나실인은 아니었다.

나사렛 사람 | **115**

나실인들은 죽은 시체들을 만져서는 안되었으나(민 6:6-9), 예수님은 주저없이 죽은 자들을 만지셨다. 그는 나인 성 과부 아들의 관을 만지셨고(눅 7:14), 야이로의 죽은 딸의 손을 부드럽게 잡으셨다(눅 8:54).

나실인들은 포도 나무에서 난 것은 먹어서는 안되었으나, 우리 주님은 포도주를 마셨다. 나실인이었던(눅 1:15) 세례 요한과 반대로, 주님은 만찬 초대에 응하셨고 혼인 잔치에 참석하셨으며, 사람들의 일상의 사회 생활을 등지지 않으셨다. "인자는 와서 먹고 마시매 말하기를 보라 먹기를 탐하고 포도주를 즐기는 사람이요"(마 11:19; 참고, 눅 22:18). 따라서 "나사렛 사람"이란 이름은, 비록 우리 주님이 하나님께 완전히 헌신하셨을지라도 "나실인"과 동의어가 아니다.

많은 성경 학도들은 "나사렛 사람"이란 이름을 "가지"를 의미하는 히브리어 "네체르"(netser)와 관련짓는다. 이사야 11:1에서 메시아는 "가지"란 호칭과 관련된다. "이새의 줄기에서 한 싹이 나며 그 뿌리에서 한 가지가 나서 결실할 것이요."

"가지" 표상은 이해하기 어렵지 않다. 구약 성경 시대에, 그것은 마치 다윗의 가계 나무가 "베어 넘어졌고"(사 10:33-34) 그 왕국의 미래는 암울한 것 같았다. 그 때 예수님이, "마른 땅에서 나온 뿌리"와 같이(사 53:2), 다윗에게 준 왕국 약속들을 성취하는 "가지"(삼하 7; 눅 1:32-33)로, 베들레헴에서 다윗의 자손으로 태어나셨다(마 1:1; 눅 1:32). 예수님만이 이새의 줄기에서 난 싹이며 그 뿌리에서 난 가지이시다(사 11:1). 언젠가 예수님은 온 땅을 다스리시며 영광과 능력으로 그 나라를 세우실 것이다(사 9:6-7).

그러나 만약 우리가 "나사렛 사람"을 히브리어 네체르와 연결한다면, 한 가지 문제가 발생한다. 예수님을 "가지"로 칭하는 대부분의 구절들은 네체르란 낱말을 사용하지 않고, "가지"를 의미하는 또 다른 낱말의 히브리어를 사용한다. 오직 이사야 11:1에서만 우리는 네체르를 사용한 주님에 관한 "가지" 예언을 발견한다.[2]

"나사렛 사람"이 네체르에서 온 것 같지는 않으며, "나실인"에서 온 것은 확실히 아니다. 그렇다면 메시아가 "나사렛 사람으로 칭하리라"는 마태의 예언은 어디에 근거를 두고 있는가?

우리는 예수님 시대에 나사렛이란 도시가 어떤 명성을 지녔는가를 기억해야 한다. 빌립이 회심하고 그의 친구 나다나엘을 찾아 주 예수를 만나 보기를 권하였을 때 나다나엘은 말하였다. "나사렛에서 무슨 선한 것이 날 수 있느냐"(요

1:46). 예수님 당시에 나사렛은 여러 가지 이유로 멸시받고 배척당하였다. 나사렛에는 유대인들과 이방인들이 섞여 살았으며, 아마 이방인들이 유대인들보다 더 많았을 것이다. 이것은 전혀 종교 지도자들의 마음에 들지 않았다. 갈릴리는 "이방의 갈릴리"로 불렸다(마 4:15). 갈릴리에 사는 사람들은 거친 아람 방언을 사용하였다. 사람들이 베드로에게 "너도 갈릴리 사람이니 참으로 그 도당이니라"고 말하였던 것도 그 때문이다(막 14:70). 갈릴리는 불온한 곳이었으며, 당시의 일부 정치적 반역자들이 나사렛에 그들의 본부를 두고 있었다.

즉, 갈릴리의 나사렛은 엄격한 유대인이 살기 원하는 그런 장소가 아니었다. 그러나 예수님은 나사렛에서 자라나셨다. 나사렛은 우리가 흔히 "달동네", "빈민촌"이라 부르는 동네였다. 따라서 어떤 사람이 "나사렛 사람"으로 불리는 것은 그가 당시의 사회적 명부 또는 인명록에 기록되어 있지 않은 사람이라는 것을 의미하였다. 나는 우리 주님이 나사렛 사람으로 알려진 것은 그가 가난한 자들, 소외된 자들, 심지어 나사렛 출신의 사람들과 자신을 동일시하셨기 때문이라고 생각한다. "나사렛에서 무슨 선한 것이 날 수 있느냐"(요 1:46).

구약 성경에 예수를 멸시받고 천대받는 자들과 동일시하는 구체적인 예언들이 있는가? 그렇다. 이사야는 메시아가

"멸시를 받아 사람들에게 버림받았으며 간고를 많이 겪었으며 질고를 아는 자라"고 썼다(사 53:3). 사실상 이사야 53장의 예언은 메시아가 받을 굴욕과 배척을 묘사한다. 시편 69장 역시 메시아 시편이다(4, 8-9절을 보라). 그 시편은 다윗의 고난을 기록하는 한편, 우리 주님의 능욕과 고난을 설명하기도 한다.

이사야 11:1의 배경은 히스기야 왕 통치 시기에 일어났던 앗시리아의 유다 침공이다(사 37). 그것은 하나님의 백성을 위한 징계 때였다. 전 장의 끝에서(사 10:33-34) 그 선지자는 이 침략을 숲을 벌목하는 것, 장대하고 높은 나무들이(유대 지도자들) 찍히는 것에 비유하였다. 유다 왕국이 바벨론의 침략으로 종국에 이르렀을 때(606-586), 유다의 "나무"는 단지 그루터기와 같아 보였다. 그러나 그 그루터기에서 하나님은 비천한 순, 멸시받는 가지를 자라게 하실 것이었다. 그리고 그가 – 메시아 예수 그리스도가 – 구원을 가져올 것이었다.

따라서 마태가 가리킨 것은 어떤 하나의 구체적인 예언이기보다 메시아가 멸시받고 배척당하며, 그가 가난한 자들과 소외자들과 함께 하며, 그들을 그들의 죄에서 구원하기 위해 저주받은 십자가에 죽기까지 하시리란 구약 성경 기자들의 여러 진술들이었다.

그의 이름의 적용

이제 이 이름의 의의를 우리 자신의 삶에 적용해 보자. 예수 그리스도가 "나사렛 사람"으로 불리신 것이 오늘날 우리에게 어떤 의미가 있는가?

하나님의 은혜

이 이름은 우리에게 하나님의 은혜를 말해 준다. 하나님의 아들 예수 그리스도가 이 세상에 오셨을 때, 그는 예루살렘이나(탁월한 종교 도시) 로마와(위대한 법의 도시) 자신을 동일시하지 않으셨다. 그는 또 아테네(가장 유망한 철학의 도시)에 가시지도 않았다. 그는 어디로 가셨는가? 그는 나사렛으로 가셨다. 그는 멸시받고 배척당하는 이들, 가난하고 궁핍한 자들과 함께하셨다.

그러나 특기할 일은 이것이다. 주 예수는 그 멸시받는 이름 "나사렛"을 취하셔서 그것을 영화롭게 하셨다. 그는 "나사렛 예수"로 알려져 있었다. 우리의 이름이 예수와 동일시되면, 우리는 기쁘지 않겠는가? 많은 사람들에 의해 멸시받던 장소 나사렛이 예수 그리스도가 자신을 그것과 동일시하셨기 때문에, 그분에 의해 영화롭게 되었다. 슬픈 일은 나사렛 사람들이 그를 배척한 것이다(눅 4:16-30). 선지자는 언제나 자기 고향과 자기 집에서는 존경을 받지 못한다(참고 마 13:57).

"나사렛"이란 이름은 빌라도가 예수님을 위해 그 칭호를 써서 십자가 위에 붙였을 때 더욱 명예로워졌다. "나사렛 예수, 유대인의 왕"(요 19:19). "나사렛"이 십자가 위에 높이 붙여진 것을 상상해 보라. 우리 주님의 부활 후에 사람들이 무덤에 왔을 때, 천사들이 말하였다. "너희가 나사렛 예수를 찾는구나"(막 16:6). 천사들이 나사렛을 언급하는 것을 상상해 보라. 예수님이 그 차이를 만드셨다.

우리 주 예수님 자신이 그가 하늘에서 다소의 사울에게 말씀하실 때, "나사렛"이란 이름을 사용하셨다. "나는 나사렛 예수라"(행 22:8). 그는 "나사렛"이란 이름을 취하셔서 그것을 하늘에까지 높이셨다.

우리가 어디에 살든지, 얼마나 가졌든지, 다른 사람들에게 얼마나 비천해 보이든지 상관없이, 예수 그리스도는 우리를 찾아 우리가 있는 곳에 오신다. 그는 가난하고 멸시받고 배척당하는 이들과 함께하셨다. 그의 초기 사역 전체를 통해, 그는 세리와 죄인들과, 병자들과 문둥병자들과-버림받고,

무시당하고, 학대받고, 배척당하는 이들과-함께하셨다. 예수님은 변하지 않으셨다. 하늘 보좌에 승귀하셨을지라도, 그는 여전히 "나사렛 예수"이시며, 보통 사람들, 빈궁한 자들, 배척당하는 이들과 함께하신다.

나사렛 예수는 지금도 우리 곁을 지나가신다. 우리는 믿음으로 손을 내밀어 그에게 말할 수 있다. "주 예수여, 나를 구원하소서. 주 예수여 나를 도우소서-오늘 나에게는 이런 것이 필요하나이다."

하나님의 말씀

"나사렛 사람"이란 이름은 우리에게 하나님의 은혜뿐 아니라, 하나님의 말씀에 관해서도 말해 준다. 왜 예수님이 나사렛에 사셨는지 그 이유를 아는가? 그것은 하나님의 말씀이 그에게 그렇게 하도록 지시하였기 때문이다. 마태는 그의 복음서에서 "이는 선지자로 하신 말씀을 이루려 하심이라"를 적어도 열두 번은 말하고 있다.

왜 예수님은 베들레헴에서 태어나셨는가? 그것은 선지자 미가를 통하여, 하나님이 베들레헴이 메시아의 탄생지가 되도록 말씀하셨기 때문이었다(미 5:2). 왜 베들레헴에서 그 어린 아이들이 헤롯의 군인들에게 살해되었는지 그 이유를 아는가? 그것은 예레미야 선지자가 그것이 일어날 것을 예언했기 때문이었다(렘 31:15; 마 2:17-18). 왜 마리아와 요셉은 예수를 데리고 나사렛에 와서 살았는가? 그것은 선지자들이 그가 나사렛 사람, 멸시받고 배척당하는 어떤 사람으로 불릴 것을 말하였기 때문이었다(마 2:19-23). 이곳 지상에 계실 때 예수님이 무엇을 하셨든지, 그것은 하나님의 말씀의 성취였다.

이것은 나에게 상당히 격려가 된다. 만약 우리가 단순히 하나님의 말씀에 순종하기만 한다면, 우리는 하나님의 뜻 안에서 살며 하나님의 일을 성취할 것이다. 우리는 현재 우리가 일하는 곳에서 일해야 한다. 왜냐하면 하나님이 우리에게 그렇게 하도록 말씀하시기 때문이다. 우리는 지금 우리가 하는 일을 해야 한다. 왜냐하면 하나님이 그렇게 하도록 말씀하시기 때문이다. "나사렛 사람"이란 이름은, 그것이 우리가 계시된 하나님의 뜻을 발견하는 곳인 하나님의 말씀 안에 들어 있기 때문에, 하나님의 말씀을 확대한다.

그리스도의 고난

이 이름 "나사렛 사람"이 주는 세 번째 교훈이 있다. 우리는 그리스도의 고난에 동참해야 한다. 예수님은 멸시받고 배척당하는 곳에 오셨으며, 그 자신이 멸시받고 배척당하셨다. 그러므로 우리는 그의 능욕에 동참해야 한다. 히브리서 13:13은 우리가 "그의 치욕을 짊어지고 영문 밖으로 그에게 나아가자"고 말한다. 주 예수를 위해 고난을 당하는 것을 두려워 말라. 그와 같이 되는 것을 부끄러워 말라. 그는 우리와 같이 되기를 부끄러워하지 않으셨다.

그리스도의 원수들은 초기 그리스도인들을 "나사렛 이단"으로 불렀다(행 24:5). "나사렛 이단"–그럴 듯한 호칭이었다. 이 거만한 사람들은 그리스도인들을 멸시하였으며, '나사렛 예수와 같은 이 사람들은 누구인가? 그들은 결코 중요한 사람들일 수 없다'고 생각하였다. 스펄전(Charles Spurgeon)은 "만약 우리가 전적으로 그리스도를 따른다면, 우리는 분명히 이런 저런 나쁜 이름으로 불리게 될 것이다"라고 하였다.[3]

주 예수나 그의 복음을 결코 부끄러워하지 말라. "내가 복음을 부끄러워하지 아니하노니 이 복음은 모든 믿는 자에게 구원을 주시는 하나님의 능력이 됨이라…"(롬 1:16).

우리는 그의 십자가를 지고 그를 따르는 것을 부끄러워하지 말아야 한다. 사실상, 우리는 예수 그리스도-나사렛 예수, 나사렛 사람 예수-와 동일시되는 것으로 존경을 받아야 한다.

한 부유한 사업가가 내가 시무하던 교회의 주일 아침 예배에 참석 후 "이곳에는 유명한 사람이 아무도 없군"이라고 하였다. 그는 하나님의 백성에 감명을 받지 않았다. 그는 고린도전서 1:26-29를 읽어야 했다.

> "형제들아 너희를 부르심을 보라 육체를 따라 지혜로운 자가 많지 아니하며 능한 자가 많지 아니하며 문벌 좋은 자가 많지 아니하도다 그러나 하나님께서 세상의 미련한 것들을 택하사 지혜있는 자들을 부끄럽게 하려 하시고 세상의 약한 것들을 택하사 강한 것들을 부끄럽게 하려 하시며 하나님께서 세상의 천한 것들과 멸시 받는 것들과 없는 것들을 택하사 있는 것들을 폐하려 하시나니 이는 아무 육체도 하나님 앞에서 자랑하지 못하게 하려 하심이라."

하나님의 은혜와 하나님의 말씀과 그리스도의 고난-이 모두가 이 놀라운 이름 "나사렛 사람 예수"에 들어 있다. 우리는 이제 하나님의 은혜로 살고, 하나님의 말씀에 순종하고, 우리가 하는 모든 일에서 주 예수 그리스도를 부끄러워하지 않으며 기꺼이 그의 능욕을 지고 가자.

나다나엘은 물었다. "나사렛에서 무슨 선한 것이 날 수 있느냐?"(요 1:46). 그렇다. 선한 것이 나사렛에서 나왔다-바로 주 예수 그리스도, 거룩한 하나님의 아들이시다. 그는 나사렛을 떠나 곤고한 사람들을 돌아보셨다. 깨어지고 상처입은 사람들이 있는 곳이면 어디나 예수님은 계셔서 그들을 고치셨다. 죄가 있는 곳이면 어디나 그는 그곳에 계셔서 용서하셨다. 만약 우리가 우리의 마음을 열고 그리스도를 우리의 구주로 영접한다면, 우리는 하나님의 은혜로 구원받을 것이다. 그러면 우리는 하나님의 말씀에 순종하여 살 수 있다. 그러면 우리는 "그의 고난에 참여함"으로 그와 동일시되며(빌 3:10), 주 예수 그리스도를 부끄러워하지 않고 그의 영광을 위해 살 수 있다.

나사렛 예수가 지나시고 있다(눅 18:37). 너무 늦기 전에 그를 맞이하겠는가?

7 개척자

영어로 "개척자"(pioneer)는 "보병"을 뜻하는 프랑스어에서 유래한다. 개척자는 근대의 보병대와 같이, 주력 부대를 앞서가서, 그의 동료들과 함께 그들이 따라올 수 있도록 길을 여는 사람이었다. 미국 시인 월트 휫트만(Walt Whitman)은 이러한 시를 썼다.

> 정복하며, 붙잡으며, 도전하며, 모험하며
> 우리는 미지의 길로 나아간다.
> 개척자들이여. 오 개척자들이여.

근대의 도시에 사는 우리들은 수세기 전에 사람들이 생명의 위협을 무릅쓰며 다른 이들이 따라올 수 있도록 길을 열었던 것을 잊어버리기 쉽다. 우리는 모두 후에 온 자들이다.

하나님의 말씀은 우리에게 예수 그리스도가 개척자가 되기 위해 오셨다고 말한다. 우리는 아마 "내가 성경을 주의 깊게 읽었지만, 예수님이 개척자로 불리는 곳은 결코 보지 못하였다"고 말할 수 있다. 흠정역(KJV)에서 헬라어 아르케고스(archegos)는 "prince"로 두 번(행 3:15; 5:31), "captain"으로 한 번(히 2:10), "author"로 한 번(히 12:2) 번역된다. 그러나 그 의미는 동일하다. "선두에 가는, 다른 사람들이 따라오도록 앞서 가는 사람."

헬라어에서 "개척자" 또는 "임금"은 "시작하다"와 "이끌다"를 의미하는 두 낱말의 합성어이다. "개척자" 또는 "임금"이란 낱말은 실제로 "무언가를 시작하고, 길을 열고, 다른 이들이 따를 수 있도록 길을 인도하는 사람"을 의미한다. 많은 헬라어 연구자들은 아르케고스의 가장 적절한 번역을 "개척자"로 생각한다.

개척 시대는 무척 흥미롭다. 많은 도시들이 그것들의 설립을 기념할 때 "개척 시대"를 되새긴다. 우리는 개척 시대에 관한 책과 극들을 즐긴다. 거기엔 개척자들에 관한 도전적인 무엇이 있다. 어떤 사람이 그의 가족과 더불어 새로운 땅을 향해 출발하며, 다른 이들이 따라오도록 길을 연다. 그는 지나간 길에 표지를 하여 길의 노선을 알린다. "하나님이…그[그리스도]를 오른손으로 높이사 임금과 구주로 삼으셨느니라"(행 5:31). 개척자, 예수 그리스도!

이 "개척자" 호칭을 담고 있는 네 가지 본문들은 우리에게 예수 그리스도의 사역의 여러 다른 국면들을 열어 준다. 다시, 예수님이 지닌 각 이름은 그가 베푸시는 축복인 것을 기억하자. 예수님은 개척자이시며, 우리가 영적인 축복의 새로운 변경을 개척하도록 우리를 이끌기 원하신다. 우리 중 너무 많은 이들이 그리스도인들로서 새로운 땅을 개척해 가는 일에 거의 진보를 보이지 못하는 것은 매우 슬픈 일이다. 그리스도인의 삶에서 우리는 결코 조용히 있을 수 없다. 앞으로 나아가거나 뒤로 물러난다. 가데스 바네아에서 유대인들이 그랬어야 하는 것처럼, 우리는 그리스도를 위한 새 땅에 들어가야 하며 믿음으로 진군해야 한다(민 13-14).

그러나 슬프게도 일부 하나님의 백성은 새로운 땅에 들어가기를 원하지 않는다. 그들은 똑같이 단조로운 일을 되풀이하며 아무 곳에도 가기를 원하지 않는다. 마치 광야에서 40년간 방황한 이스라엘 백성과 같다. 나는 그리스도인들이 "나는 지금 있는 그대로 우리 교회가 작은 것이 좋아. 왜 새로운 사람들을 데려와야 하지?"라고 말하는 것을 들었다. 새로운 사람들을 데리고 와야 하는 이유는, 교회가 자라지 않는다면 죽기 때문이다. 우리가 새로운 땅을 정복하지 않는다면, 우리에게는 존재할 이유마저 없어진다.

만약 우리가 우리의 그리스도인의 삶에서 진보하기를 원한다면, 예수 그리스도를 우리의 개척자로 모시는 것이 무엇을 의미하는지 배우라. 그런데 그는 어떤 개척자인가?

그는 생명의 개척자이다

나면서부터 앉은뱅이인 사람을 고친 것을 보고 몰려든 무리에게 사도 베드로가 예수 그리스도에 관해 말한 것을 들어보라.

> "아브라함과 이삭과 야곱의 하나님 곧 우리 조상의 하나님이 그의 종 예수를 영화롭게 하셨느니라 너희가 그를 넘겨주고 빌라도가 놓아 주기로 결의한 것을 너희가 그 앞에서 거부하였으니 너희가 거룩하고 의로운 이를 부인하고 도리어 살인한 사람을 놓아 주기를 구하여 생명의 주를 죽였도다 그러나 하나님이

죽은 자 가운데서 그를 살리셨으니 우리가 이 일에 증인이라"

(행 3:13-15).

베드로는 담대하게 그들의 죄를 지적하였다. 그들이 생명의 주를 죽였다.

대부분의 사람들은 삶을 꾸리기보다 생계를 꾸리는 데 더 많은 관심을 가진다. 그들은 목적도, 영적인 가치도, 참 생명도 없이 그저 존재하며 부유(浮遊)한다. 그러나 주 예수는 세상에 말씀하신다. "보라, 나는 생명의 개척자이다. 나는 내가 열어 놓은 영생의 길에 너희가 오기를 원한다. 나는 새롭고 산 길을 열었으며, 그것을 너희와 나누기를 원한다."

이 말은 실로 모순이다. 누가 "생명의 주"를 죽일 수 있는가? 만약 예수님이 "생명의 주"라면, 그는 생명을 만드시는 자이며 결코 죽을 수 없다. 하나님으로서 예수님은 영원한 성자이시다. 그러나 인간으로서 그는 여느 사람과 같이 고통당하고 죽으실 수 있었다. 그가 죽지 않으셨다면 잃어버린 죄인들을 위한 생명은 있을 수 없다. 예수님은 말씀하셨다. "내가 곧 길이요 진리요 생명이니"(요 14:6). 그 세 호칭들을 함께 묶으면, 그것은 이렇게 말하는 것이 된다. "내가 참되고 산 길이다. 나는 너희가 신뢰할 수 있는 길이다. 나는 너희에게 생명을 주는 길이다." 그는 생명의 개척자시다.

나는 "생명"이란 낱말이 그리스도인이 되는 것이 무엇을 의미하는지 가장 잘 설명하고 있다고 생각한다. "아들이 있는 자에게는 생명이 있고"(요일 5:12). 우리가 그리스도를 우리의 구주로 믿을 때, 우리는 하나님으로부터 영생을 선물로 받는다. 우리는 생명의 개척자를 따를 때 그가 어디로 인도하시든지 풍성한 삶을 누릴 수 있게 된다.

이는 사도행전 3장에 너무도 아름답게 예시되어 있다. 베드로와 요한이 기도하러 성전에 들어가던 길에 성전 미문에 앉아 구걸하고 있던 날 때부터 앉은뱅이인 사람을 보았다. 친구들이 매일 그를 그곳에 데려다 주면, 그는 성전에 들어가는 사람들에게 구걸하였다. 그가 베드로와 요한을 보았을 때, 그는 그들로부터 무언가를 얻기를 기대하였다.

베드로와 요한은 두 가지 방법 중 하나로 반응할 수 있었다. 그들은 돈이 없었기 때문에(6절) 그에게 돈은 줄 수 없었다. 대부분의 사람들이 거지를 볼 때 그렇듯이, 그들은 그를 무시하거나 주님의 능력으로 그를 돕거나 둘 중 하나를 택할 수 있었다. 그 때 베드로는 "은과 금은 내게 없거니와 내게 있는 이것을 네게 주노니 나사렛 예수 그리스도의 이름으로 일어나 걸으라"고 하였고, 베드로가 오른손을 잡아 그를 일으키자 그 사람은 즉시 완쾌되었다.

그 때까지 이 사람은 생명을 지녔다고 말할 수 없었다. 그는 날 때부터 앉은뱅이였다. 영적으로 우리는 최초의 우리 조상 아담과 이브의 타락으로 인해 날 때부터 "앉은뱅이"였다. 우리는 타고난 거지였다. 우리는 이 세상에 아무것도 가지고 오지 않았으며, 또 아무것도 가지고 가지 못할 것이다. 이 사람은 앉은뱅이였으며, 스스로 자신을 고칠 수가 없었다. 이 앉은뱅이 거지는 결코 개척자의 대열에 설 수 없었다. 그는 어디에 가든지 그의 친구들이 데려다 주어야 했다.

그 때 두 명의 그리스도인들이 와서 그를 예수 그리스도께 소개했고, 예수 그리스도는 이 사람에게 생명의 개척자가 되셨다. 그는 일어섰다. 그는 걷고 뛰기 시작하였다. 그는 그 제자들과 함께 성전에 들어가면서 "걷기도 하고 뛰기도 하며 하나님을 찬송하였다"(8절). 주 예수 그리스도는 생명의 개척자이시기 때문에, 그는 그를 믿는 사람 누구에게나 생명과 희망을 주실 수 있다.

예수 그리스도가 우리를 위해서도 생명의 길을 여셨는가? 우리는 그를 우리의 구주로 믿으며, 우리의 주님으로 그를 따르고 있는가? 만약 그렇다면, 우리는 그가 우리를 위해 표시해 둔 그 생명의 길로 나아가고 있다. 시편 16:11은 약속한다. "주께서 생명의 길을 내게 보이시리니…" 주 예수 그리스도는 우리가 따르도록 생명의 길을 열어 놓으셨다. 그는 생명의 개척자이시다.

한 가지 지적할 사실이 있다. 그리스도가 생명의 개척자이시기 때문에, 그의 백성은 사망에 대해 염려할 필요가 없다. 그는 우리 앞서 무덤에 가셨으며 사망과 사망의 두려움을 정복하셨다. "사망을 삼키고 이기리라"(고전 15:54).

나는 많은 어린이들이 그러하듯이, 죽음을 무척 두려워하였던 한 어린 소년에 관한 이야기를 기억한다. 그는 심지어 자다가 죽을까 해서 밤에 잠자리에 드는 것까지 두려워하였다(실제 많은 사람들이 잠자리에서 죽기도 한다). 그런데 한 친구가 어린이 성경공부반에 그를 초청하였다. 그는 거기서 예수님에 관한 이야기를 들었다. 그는 구세주를 믿었으며, 죽음에 대한 그의 공포는 사라졌다. 집에 왔을 때, 그는 매우 신이 나서 그의 어머니에게 말하였다. "나는 더 이상 죽음이 두렵지 않아요. 예수님이 우리 앞서 무덤에 가셨는데, 그가 등불을 남겨 두셨어요." 그렇다. 예수 그리스도는 "사망을 폐하시고 복음으로써 생명과 썩지 아니할 것을 드러내셨다"(딤후 1:10).

그는 구원의 개척자이다

히브리서 2:10이 우리의 핵심 구절이다. "만물이 그를 위하고 또한 그로 말미암은 이가 많은 아들을 이끌어 영광에 들어가게 하시는 일에 저희 구원의 창시자를(captain, pioneer) 고난을 통하여 온전하게 하심이 합당하도다."

히브리서는 유대인 신자들에게 그들의 그리스도인의 삶에서 진보하도록 격려하기 위해 쓰여졌다. 그들이 겪는 고난 때문에, 이 신자들은 믿음으로가 아니라 보는 것으로 살고자 하는 유혹을 받았다. 그들은 예루살렘에 웅장하게 서 있는 아름다운 유대 성전과(마 24:1) 거기서 날마다 제단에 드려지는 희생 제사를 알고 있었다. 그들은 그 성전에서 직무를 행하는 제사장들을 알고 있었으며, 이스라엘 민족에 속한 것을 자랑스러워 하였다.

그런데 이제 그들은 예수 그리스도를 믿는 자들이 되었으며, 이것은 보는 것으로 살지 않고 믿음으로 사는 것을 의미하였다. 그들의 고난 때문에, 그들은 옛 생활로, 그들이 보고 느낄 수 있는 것들로 돌아가고 싶은 유혹을 받았다. 이 박해받는 성도들은 수년 내에 예루살렘과 그곳의 모든 것이 철저하게 파괴될 것을 조금도 알지 못하였다. 제사장이나 희생 제사나 유대교의 종교적 의식은 더 이상 존재하지 않을 것이었다.

그러나 그것이 그들에게 무슨 차이를 만들겠는가? 비록 그들이 그를 볼 수는 없을지라도, 그들에게는 하늘에 대제사장이 있었다(히 4:14-16). 그들에게는 또 하늘에 그들을 위해 예비된 도성도 있었다(히 11:13-16; 13:14). 그들이 하늘에 "새로운 살길"을 가지고 있는데, 왜 땅에 있는 옛 제사와 제사장 직무로 돌아가려 하는가?(히 10:19-25). 이 유대인 신자들은 보이지 않는 것을 거부하고 보이는 것으로 돌아가고자 하는 유혹을 받았다.

히브리서 2:10에 의하면, 우리의 구원의 주 예수 그리스도는 "고난을 통하여 온전하게" 되었다. 그가 땅에서 고난받은 것들을 통해 예수님은 하늘에서 그의 대제사장직을 맡을 준비가 되셨다. "주"(captain)로 번역된 그 낱말은 "개척자"이다. 예수님은 구원의 개척자이시며, 우리가 뒤를 돌아보거나(눅 9:62) 물러가지 않고(히 6:1-2) 앞으로 나아가기를 원하신다. 바울은 동일한 것을 이렇게 썼다. "오직 한 일 즉 뒤에 있는 것은 잊어버리고 앞에 있는 것을 잡으려고…달려가노라"(빌 3:13-14).

예수님이 구원의 개척자이신 사실은 나를 흥분하게 만드

는 진리이다. 많은 사람들은 구원을 정적인 경험으로 생각한다. 그들은 "나는 예수 그리스도를 믿었다. 나는 거듭났다. 그것이 전부이다"라고 한다. 그러나 구원은 단순히 죄의 용서와 하나님의 가족으로 거듭나는 것보다 훨씬 더 많은 것을 포함한다. 구원은 주차장이 아니다. 그것은 발사대이다. 주 예수 그리스도는 우리 구원의 개척자이며, 그것은 우리가 배우고 경험하고 다른 이들과 나누어야 할 새로운 무엇이 언제나 있다는 것을 의미한다.

성전에 가서 거룩한 의식들에 참여한 사람들은 그들의 진보에 있어 제한되었다. 성전에서 그들은 단지 제단에까지만 나아갈 수 있었다. 그들은 성소에 들어갈 수 없었다. 레위인들과 제사장들은 성전의 성소에 들어갈 수 있었으나, 그들마저도 지성소에는 들어갈 수 없었다. 오직 대제사장만이 일년에 한 번 대속죄일에만 지성소에 들어갈 수 있었.

그 유대인들에게는 언제나 그들과 하나님 사이에 장벽이 있었다. 그러나 그리스도인들에게는 우리 자신의 거부와 불신 외에는 아무것도 우리를 방해하지 않는다. 히브리서 10:19-20은 예수 그리스도가 십자가에 죽으실 때 우리를 위해 성별하신 그 새롭고 산길로 우리가 지성소에 담대하게 들어가도록 초청한다.

내가 묻고 싶은 질문은 이것이다. 우리의 구원 경험은 정적이며 지루한 것인가, 신나는 것인가? 우리는 가만히 서 있는가, 뒤로 물러나고 있는가, 혹은 새로운 땅을 향해 전진하고 있는가? 우리의 구원의 개척자를 따르라. 그를 따를 때 구원은 점점 자라고 빛나는 경험이 될 것이다. 그를 따를 때, 그는 휘장을 통해 바로 그 지성소 안으로 우리를 데리고 가실 것이다. 거기서 우리는 살아 계신 하나님과 교제할 수 있다. 구원의 개척자를 따르라.

그는 믿음의 개척자이다

히브리서 12:2에 "믿음의 주요 또 온전케 하시는 이인 예수를 바라보자"라는 구절이 있다. 예수님은 생명과 구원의 개척자이실 뿐 아니라, 그는 또 믿음의 개척자이시다. 이것은 우리의 믿음이 진보를 해야 한다는 것을 의미한다. 우리는 가만히 있을 수 없다. 믿음에는 정도가 있다. "없는 믿음"(막 4:40), "적은 믿음"(마 6:30; 8:26), "큰 믿음"(마 8:10). 우리는 사도들과 같이 "우리에게 믿음을 더하소서"(눅 17:5)라고 기도해야 한다.[1] 나는 만약 하나님이 나의 믿음에 점수를 주신다면,

나는 과연 어떤 통지표를 받을까 궁금하다.

예수 그리스도는 우리의 "믿음의 주요 온전케 하시는 이," 믿음의 개척자이시다. 개척자로서 그는 무엇을 시작하시든지 끝까지 이루신다. 그것은 예수님을 따르는 것이 지닌 참으로 아름다운 일이다. 우리가 그의 말씀을 믿을 때, 우리는 그 자신이 시작하신 일을 완성하실 것을 안다. "너희 안에서 착한 일을 시작하신 이가 그리스도 예수의 날까지 이루실 줄을 우리는 확신하노라"(빌 1:6).

오늘날 많은 사람들이 상처를 입고, 어려운 문제들을 대면하고, 무거운 짐을 지고 있다. 그들은 왜 하나님이 그들에게 그런 고통스러운 일들이 일어나도록 허락하셨는지 의아해한다. 그러나 여기에 멋지고 놀라운 사실이 있다. 우리의 믿음의 개척자 주 예수 그리스도는 우리가 우리의 믿음의 삶에서 자라고 진보하기를 원하신다. 그는 우리가 앞으로 나아가, 그가 우리에게 축복과 부요의 새로운 경험을 주실 수 있기를 원하신다. 그가 시련과 고통을 허락하시는 것은 바로 그 때문이다. 그는 이 고통스런 경험을 사용해서 우리로 하여금 그리스도인의 삶에서 앞으로 나아가게 하시는 것이다.

우리는 예수님이 우리 앞에 가시므로 미래를 두려워 할 필요가 없다. 그는 생명의 개척자로서 우리의 길을 인도하신다. 그는 구원의 개척자로서, 우리가 성장함에 따라 우리에게 기쁨과 축복의 새로운 경험을 주신다. 그는 믿음의 개척자로서 우리가 우리의 믿음에서 자라 더 강해지고, 그가 우리에게 할당하신 기업의 새 땅을 획득하기를 원하신다.

그러면 우리는 우리 구원의 개척자를 어떻게 따를 수 있는가? 하나님의 말씀을 통해서 가능하다. 주님은 그의 말씀을 통하여 우리에게 말씀하신다. 그러므로 우리가 말씀을 연구하고 믿고 순종하는 일은 매우 중요하다. 우리는 날마다 성경을 읽으며, 그것이 말하는 바를 묵상하는가? 우리는 날마다 기도하며 그의 약속들을 주장하는가? 우리의 짐이나 문제가 무엇이든 간에, 날마다 생명과 구원과 믿음의 개척자이신 예수 그리스도와 단 둘만의 시간을 가지라. 만약 우리가 그를 따른다면, 우리는 그리스도인으로서 우리의 삶과 전도에서 매우 신나는 새로운 길로 나아가기 시작할 것이다.

베드로는 그의 주를 세 번이나 부인하였으나, 예수님은 그를 회복시키고 그에게 "나를 따르라"고 말씀하셨다(요 21:19). 베드로는 주님을 따르기 시작하였고, 바로 사도행전으로 걸어 들어갔다. 그 개척자가 그를 인도하실 때, 그는 얼마나 멋진 시간을 가졌는가? 그의 삶은 때로 힘들고 고통스러웠을지라도 신나고 부요하였다. 우리가 개척자와 함께 길을 걸을 때 언제나 무언가 새로운 것이 있다. 예수님은 우리가 "새 생명 가운데서 행하게" 도우신다(롬 6:4).

개척자가 정착민이 되는 것은 매우 쉬운 일이나, 그것은 주님이 우리에게 원하시는 바가 아니다. 우리의 개척자가 우리보다 앞서 가시며 길을 준비하실 때, 그가 우리에게 주시는 도전은 이것이다. "완전한 데로 나아갈지니라"(히 6:1). 안락한 그리스도인은 곧 안일한 그리스도인이 되어(시 1:1; 롬 12:2), 다시 앞으로 나아가게 하기 위한 주님의 연단을 필요로 한다.

나의 신학교 졸업식은 시카고 관현악당에서 열렸다. 그 날 졸업생들이 부른 찬송가는 「인도하소서, 영원하신 왕이여」(Lead On, O King Eternal)였다 — 그 학교는 졸업식 때마다 이 찬송가를 부른 것으로 생각된다. 나는 그때까지도 어니스트 셔틀레프(Ernest W. Shurtleff)가 1887년 자신의 졸업식을 위해 그 가사를 썼다는 사실을 알지 못했다. 자신의 준비 기간을 생각하면서, 그는 자신을 신실하고 승리하는 그리스도의 군사로 만드는 데는 책과 강의 그 이상의 것이 필요하다는 것을 깨달았다. 그러나 그는 주님이 그에 앞장서 가시는 것을 알았기 때문에, 다음과 같이 썼다(우리 찬송가 166장이 이 찬송을 번역한 것이나, 직역과 내용상 많은 차이가 있기에 직역으로 소개하고자 한다—역자 주).

> 인도하소서, 오 영원하신 왕이여,
> 우리가 두려움 없이 따르리이다.
> 이는 주님의 얼굴 보이는 곳 어디에서나
> 기쁨이 아침처럼 솟기 때문입니다.
> 주님의 십자가 우리 위해 지고,
> 그 빛으로 우리 나아가나이다.
> 승리 후에 면류관이 기다리고 있으니;
> 인도하소서, 오 권능의 하나님이시여.

예수님이 우리를 인도하실 때 미래는 우리의 친구가 된다. 개척자, 그가 어디로 가시든지 그를 따르라.

 목수

우리 주님이 지상에서 사역하실 때, 그는 서로 다른 많은 직업들에 대해 말씀하셨다. 예를 들어, 비유로 그는 "씨를 뿌리는 자가 뿌리러" 나간 것을 말씀하셨다(마 13:3). 그러나 예수님은 농부가 아니셨다. 그는 또 "나는 선한 목자라"(요 10:14)고 말씀하셨다. 그러나 우리 주님이 이곳에 계셨을 때, 정말 양을 돌보시지는 않으셨다. 세례 요한에게 세례를 받으시고 그의 공생애를 시작하시기 전에, 우리 주님의 직업이 무엇이었는지 아는가? 그는 목수였다.

"예수께서 거기를 떠나사 고향으로 가시니 제자들도 따르니라 안식일이 되어 회당에서 가르치시니 많은 사람이 듣고 놀라 이르되 이 사람이 어디서 이런 것을 얻었느냐 이 사람이 받은 지혜와 그 손으로 이루어지는 이런 권능이 어찌됨이냐 이 사람이 마리아의 아들 목수가 아니냐 야고보와 요셉과 유다와 시몬의 형제가 아니냐 그 누이들이 우리와 함께 여기 있지 아니하냐 하고 예수를 배척한지라 예수께서 그들에게 이르시되 선지자가 자기 고향과 자기 친척과 자기 집 외에서는 존경을 받지 못함이 없느니라 하시며 거기서는 아무 권능도 행하실 수 없어 다만 소수의 병자에게 안수하여 고치실 뿐이었고 그들이 믿지 않음을 이상히 여기셨더라"(막 6:1-6).

예수님이 땅에 오셨을 때, 왜 그는 목수란 직업을 택하셨을까? 확실히 그는 가르치는 자, 병을 고치시는 자였다. 그러나 그는 수년간 목수로 먼저 일하신 후에 가르치시고 병을 고치셨다. 그가 나사렛에 사시는 동안, 그는 요셉에게 그 일을 배우셨고 날마다 목공소에서 연장을 들고 일하셨다. 왜 예수님이 목수였는지, 그 이유를 살펴보자.

그는 목수의 가정에 태어나셨다

예수님은 목수의 가정에서 태어나셨다. 이는 그의 양부 요셉이 목수였기 때문이었다. 마태복음 13:55에 "이는 그 목수의 아들이 아니냐?"가 나온다. 대부분의 유대인들이 기대한 것과 다르게 그들의 메시아는 목수의 가정에서 태어나셨다. 그들은 그들의 메시아가 화려한 궁중에서 태어난 위대한 왕으로 오시리라고 생각했다. 그러나 그는 비천한 목수의 가정에서 태어나셨다. 사람들은 그들의 메시아가 위대한 군인으로 그들을 로마의 압제에서 구원할 정복자이기를 원하였다. 그러나 예수님은 노동자로, 종으로, 목수로 오셨다.

구약은 그가 종으로 오실 것을 예언하였다. 이사야 52장과 53장에서 선지자 이사야는 여호와의 고난받는 종 예수 그리스도의 모습을 설명한다. 빌립보서 2:5-8에서 바울은 예수 그리스도를 종으로 묘사한다. 우리 주님이 이 세상에 오셨을 때 히브리서 10:7에 따르면, 그는 "하나님이여 보시옵소서…하나님의 뜻을 행하러 왔나이다"고 말씀하셨다. 예수님은 비천한 종으로 오셨다. 그는 목수로 오셨다.

그리스도는 일반 백성과 자신을 동일시하셨으며, 백성은 즐겁게 그의 말을 들었다 (막 12:37). 목수로서 수년간 일하신 것은 그가 그들의 고생과 필요를 이해하는 데 도움이 되었다. 그는 정직한 노동의 가치를 아셨다. 그는 수고하고 지친 것이 무엇인지를 아셨다. 랍비들은 "만약 우리가 우리의 아들에게 일하는 법을 가르치지 않는다면, 우리는 그에게 훔치는 법을 가르치고 있다"고 말하였다. 유대인들은 그들의 자녀들에게 일하기를 가르쳤으며, 랍비들도 그들 나름의 직업을 가지고 있었다. 우리가 아는 대로, 바울은 천막을 만드는 사람이었다.

예수님은 노동자였으며, 노동자들과 함께하셨다. 마리아와 요셉의 가정에서 그는 생활의 짐을 나누어 지고 그 필요를 채우는 것을 도우셨다. 헬라인들은 육체 노동을 멸시하였고, 로마인들은 그들의 하인들에게 그것을 떠맡겼다. 그러나 유대인들에게는, "엿새 동안 힘써 네 모든 일을 행할 것"이 "안식일을 기억하여 거룩히 지키는 것"과 마찬가지로 중요했다(출 20:8). 그들은 노동을 재물얻을 능을 주시는 하나님 앞에서의 신성한 책임으로 보았다(신 8:18).

요셉에게 온 모든 손님들이 다루기 쉬웠을까? 그렇지 않았을 것이다. 그러나 예수님은 그들을 참으셨고 사랑으로 섬기셨다. 예수님에게 일을 맡긴 어떤 사람이 그의 솜씨가 유별난 것을 알았을까? 그렇지 않았을 것이다. 다만 그는 최선을 다하셨다. 무엇보다 그는 그 일로 단지 손님들을 섬긴 것이 아니라 하늘에 계신 그의 아버지를 섬기셨다.

그는 목수의 일을 하시기 위해 오셨다

예수님은 목수의 가정에 태어나셨을 뿐 아니라, 그는 목수의 일을 하시기 위해 오셨다. 목수는 무슨 일을 하는가? 짓고 수리한다. 솔직히 나에게는 그런 기술이 없다. 나는 연장통을 들고 집 주위를 살피며 고치고 싶지만, 그런 기술이 없다. 대신 우리 가족 중에 다른 사람이 그 일을 한다. 예수님은 목수의 일을 하시기 위해 오셨다. 그는 짓고 수리하는 데 능숙하셨다.

나는 사람들이 나사렛의 그 목공소로 부서진 탁자와 의자들을 가져와 예수께 수리를 부탁하거나 또는 새 가구나 연장을 만들어 줄 수 있는지 물어보는 장면을 상상할 수 있다. 아마 아이들은 부서진 장난감을 가져왔을 것이고, 예수님은 기꺼이 고쳐주셨을 것이다. 그는 나사렛에서 만들고 수리하시면서 그 "숨은 해를" 보내셨다.

그러나 무엇을 짓는 일은 주님께 새로운 일이 아니었다.

이는 이 땅에 오시기 전에, 그가 우주를 지으셨기 때문이다. 그 우주는 지금도 여전히 차질없이 운행되고 있다. "만물이 그로 말미암아 지은 바 되었으니 지은 것이 하나도 그가 없이는 된 것이 없느니라"(요 1:3). "만물이 그에게서 창조되되 하늘과 땅에서 보이는 것들과 보이지 않는 것들과 혹은 왕권들이나 주권자들이나 통치자들이나 권세들이나 만물이 다 그로 말미암고 그를 위하여 창조되었고 또한 그가 만물보다 먼저 계시고 만물이 그 안에 함께 섰느니라"(골 1:16-17).

예수님은 지금도 짓는 이로서 그의 직업을 버리지 않으셨다. 이는 오늘날 그가 교회를 짓고 계시기 때문이다(마 16:18). 신약에서 언급하고 있는 바, 교회는 예수 그리스도를 그들의 구세주로 믿고 그에게 속한 모든 사람들로 구성된다. 하나님의 자녀들은 "성령 안에서 하나님이 거하실 처소가 되기 위하여"(엡 2:22) 그리스도가 짓고 계신 성전의 산 돌들이다(벧전 2:5). 죄인 하나가 구세주를 믿을 때, 언제나 새로운 산 돌 하나가 그 성전에 추가된다. 예수 그리스도는 우주를 지으셨고, 지금은 그의 교회를 짓고 계신다. 우리는 그가 짓고 계신 이 놀라운 성전에 속하는가?

예수님은 짓는 자이시나 사탄은 파괴자이다. 예수님은 말씀하셨다. "도둑이 오는 것은 도둑질하고 죽이고 멸망시키려는 것뿐이요"(요 10:10). 사탄은 그 도적이다. 사탄은 "아바돈" 또는 "아볼루온"으로 불리는데(계 9:11), 모두 "파괴"를 의미한다. 죄는 큰 파괴자이며, 사탄은 사람들로 하여금 죄를 짓도록 유혹한다. 죄는 몸과 가정과 교회와 나라들을 파괴한다. 그러나 예수 그리스도는 파괴하기 위함이 아니라 세우기 위해 오셨다. 그는 그를 믿는 사람 모두에게 영생과 풍성한 삶을 주신다.

목수 예수는 하늘에 그의 백성을 위한 처소를 짓고 계신다. "내가 너희를 위하여 거처를 예비하러 가노니 가서 너희를 위하여 거처를 예비하면 내가 다시 와서 너희를 내게로 내게로 영접하여…"(요 14:2-3). 우리의 구주로서 예수님을 아는 것의 놀라운 면은 우리가 어디로 가는지 아는 것이다. 우리가 그곳에 가는 데 시간이 얼마나 걸릴지 우리는 모를 수 있다. 그러나 그것은 중요하지 않다. 우리는 예수님이 다시 오셔서 우리를 영광으로 인도하실지 우리가 예수님 안에서 잠들어 천국에서 깨어날지 알지 못한다. 그러나 그는 그가 하늘에 우리를 위해 집을 짓고 계신 것을 우리에게 확신시키셨다. 나는 그 약속을 생각할 때마다 큰 힘을 얻는다. 우주를 지으신 그 목수, 그의 교회를 짓고 계신 그 목수는 하늘에서도 그의 백성을 위한 집을 짓고 계신다.

그런데 그는, 우리가 그에게 순종할 때 우리의 삶도 지으신다. 지금 이 순간 우리의 삶은 주 예수님에 의해 지어지고 있거나 마귀에 의해 헐어지고 있다. 중간 지대는 없다. 우리는 그리스도인의 삶에서 결코 가만히 있지 못한다. 지어지고 있거나 허물어지고 있다. 모든 우주에서 가장 큰 파괴자는 죄이나, 예수 그리스도는 죄를 없애고 우리의 삶을 짓는 놀라운 과정을 시작하시기 위해 우리에게 오셨다.

사람들은 예수님이 기적을 행하시는 것을 보고 "그 손으로 이루어지는 이런 권능이 어찌됨이냐"(막 6:2)라고 했다. 그러나 마가복음 6:5은 "거기서는 아무 권능도 행하실 수 없어 다만 소수의 병자에게 안수하여 고치실 뿐이었고"라고 한다. 왜 예수님은 나사렛 사람들을 위해 특별한 일을 하실 수 없었는가? "그들이 믿지 않음을 이상히 여기셨더라"(막 6:6). 주 예수 그리스도는 우리의 삶을 짓기 원하신다. 우리가 그를 믿고 의지한다면 그는 그렇게 하실 것이다.

바울의 어휘 중에 한 핵심 단어는 "세우다"이다. 그것은 "짓다"를 의미한다. 하나님의 백성으로서 우리는 예수님과 더불어 우리 자신과 다른 이들은 그의 교회를 세우고 있거나, 마귀와 더불어 그것들을 허물고 있거나 둘 중 하나를 하고 있다. 무언가를 짓는 데는 인내와 숙련이 요구된다. 그러나 허무는 것은 어린 아이라도 할 수 있다. 숙련된 건축가가 수년에 걸쳐 세운 것을 한 무리의 평범한 노동자들이 수일 내에 허물 수도 있다.

"모든 것을 덕을 세우기 위하여 하라"(고전 14:26). 그런데 덕을 세우는 동기는 사랑이다. "지식은 교만하게 하며 사랑은 덕을 세운다"(고전 8:1). 하나님이 그의 백성에게 은사들을 주시는 것은 그들로 하여금 교회 내에서 그 은사들을 활용함으로 "성도들을 온전케 하며 봉사의 일을 하게 하며 그리스도의 몸을 세우려 하심이다"(엡 4:12). 각 지체가 자기 몫을 감당할 때, 그것은 "그 몸을 자라게 하며 사랑 안에서 스스로 세우게 한다"(엡 4:16).

우리가 그 목수와 더불어 일하며 그의 교회를 짓는 일을 돕는 것은 얼마나 놀라운 특권인가?

그는 목수의 방법을 사용하신다

왜 주님이 목수로 오셨는지 세 번째 이유가 있다. 예수님은 목수의 가정에 태어나시고 목수의 일을 하시기 위해 오셨을 뿐 아니라, 그는 또 목수의 방법을 사용하신다. 목수는 나무 조각을 보면서 그것이 지닌 잠재적 가능성을 본다. 그 다음 그는 계획을 세우고, 그 나무 조각을 무언가 유용하고 아름다운 것으로 변형시키는 작업을 한다. 물론 그 작업은 인내를 요구한다.

우리는 나무 조각이 지닌 잠재력을 보지 못할 수 있다. 그러나 목수는 그것을 볼 수 있다. 의심의 여지 없이, 우리 주님도 그의 유년 시절에 요셉과 함께 나가 잠재력을 지닌 나무를 고르셨을 것이다.

하나님은 우리를 보시고 말씀하신다. "나는 네게 있는 잠재력을 본다." 우리는 아마 거울 속의 우리를 보고 말할 수 있다. "나는 결코 아무것도 될 수 없어. 나는 결코 아무것도 할 수 없어." 아니다. 우리는 할 수 있다. 예수님은 어느 날 시몬을 보시고 말씀하셨다. "나는 네가 누구인지를 안다. 너는 시몬이다. 그러나 나는 너를 베드로 즉, 바위로 부를 것이다"(요 1:42). 베드로의 친구들은 어쩌면 이 말을 비웃었을 수 있다. 그들은 베드로에게서 바위와 같은 것을 그다지 보지 못하였기 때문이다. 그러나 예수님은 베드로 속에 있는 잠재력을 보셨고, 그것은 그대로 실현되었다.

우리 주님은 그를 따라오도록 그가 부르신 어부들 속에서, 세리 레위에게서, 그리고 그의 말씀을 듣고자 모여든 세리와 죄인들 속에서 그들이 지닌 잠재력을 보셨다. 다소의 사울이 교회를 핍박할 때, 예수님은 그의 잠재력을 보시고 그를 부르셔서 사도 바울이 되게 하셨다. 바울은 마가 요한을 포기하였으나(행 15:36-41), 예수님은 그의 잠재력을 보셨고, 결국 그를 유익한 종으로 만드셨다(딤후 4:11).

예수님은 우리 안에 있는 잠재력을 보시고, 만약 우리가 동의한다면, 우리를 그가 원하시는 모습으로 만드실 수 있다. 모세와(출 3-4) 예레미야와 같이(렘 1), 우리는 우리 자신의 능력에 대해 그와 논쟁할 수 있으나, 그는 그가 무엇을 하실지 아신다. 바울은 물었다. "누가 이 일을 감당하리요"(고후 2:16). 그리고 그 자신의 질문에 대한 답으로 이렇게 썼다. "우리가 무슨 일이든지 우리에게서 난 것같이 스스로 만족할 것이 아니니 우리의 만족은 오직 하나님으로부터 나느니라 그가 또 우리를 새 언약의 일꾼 되기에 만족하게 하셨으니…"(고후 3:5-6).

주님은 목수의 방법을 따르신다. 그는 재료 속에 있는 잠재력을 보신다. 그는 계획을 가지고 있다. 그는 그 일이 끝까지 완성되는 것을 보신다. 그는 우리를 위한 그의 계획을 아시며, 만약 우리가 그에게 순종하고 그로 하여금 그의 방식대로 일하게 한다면, 그의 목적을 성취하실 수 있다. 그는 우리가 무엇이 되어야 할지 아신다. 우리는 다음에 무엇을 해야 하는지 염려하며 삶을 표류할 필요가 없다. 그저 우리 자신을 그 목수에게 맡기고 그로 하여금 우리를 위한 그의 계획을 성취하게 하면 된다. "우리는 그가 만드신 바라 그리스도 예수 안에서 선한 일을 위하여 지으심을 받은 자니 이 일은 하나님이 전에 예비하사 우리로 그 가운데서 행하게 하려 하심이니라"(엡 2:10).

목수 예수님은 너무도 인내하신다. 그리고 그는 그의 하시는 일에 수고를 아끼지 않으신다. 그는 무슨 연장을 어떻게 사용해야 하는지를 아시고, 언제 나를 대패질하고 사포로 닦고, 윤이 나게 칠해야 하는지 아신다. 때때로 그는 우리 삶에 잘못된 것들을 고치시기 위해 하나님의 말씀을 사용하시거나 다른 동료 그리스도인들을 사용하셔서 우리를 책망하고, 격려하고, 윤이 나게 하신다. 주 예수님은 목수의 방법들을 사용하시며, 언제나 시작하신 일을 끝마치신다. 그는 결코 하던 일을 중단하지 않으신다. 우리의 책임은 단지 그에게 복종하며 그로 하여금 그의 계획을 이루시게 하는 것이다.

그는 목수의 죽음을 죽으셨다

 예수님은 목수의 가정에서 태어나셨다. 그는 짓고 수리하는 목수의 일을 하시기 위해 오셨다. 그는 목수의 방법들을 따르신다. 뿐만 아니라 그는 목수의 죽음을 죽으셨다. 그는 돌에 맞아 죽으신 것이 아니라 나무에 못박혀 죽으셨다. 나는 주님이 얼마나 많이 나무를 등에 지고 목공소로 날라다가 그것들을 다듬고, 고치고, 널판지를 자르고, 그것들로 무언가 유용한 물건을 만드셨을까 생각해 본다.

 어느 날 그들은 주님을 데려다가 망치와 못으로 – 그가 목공소에서 사용하셨던 같은 연장으로 – 그를 나무에 못박았다. 베드로는 "친히 나무에 달려 그 몸으로 우리 죄를 담당하셨으니"라고 하였다(벧전 2:24). 물론 그를 나무에 달려 있게 한 것은 그 못들이 아니었다. 그것은 잃어버린 죄인들에 대한 그의 사랑이었으며 아버지의 뜻에 대한 그의 순종이었다. 그는 나무에 못박혀, 목수의 죽음을 죽으셨다.

 당신은 왜 그가 그런 죽음을 죽으셨는지 아는가? 구약의 율법은 "나무에 달린 자는 하나님께 저주를 받았음이니라"고 선언하였다(신 21:23). 예수님이 나무에 달려 죽으셨을 때, 그는 우리를 구원받게 하기 위해 그 율법의 엄청난 저주를 담당하셨다. "그리스도께서 우리를 위하여 저주를 받은 바 되사 율법의 저주에서 우리를 속량하셨으니 기록된 바 나무에 달린 자마다 저주 아래 있는 자라 하였음이라"(갈 3:13).

목수 예수 그리스도를 생각할 때 언제나, 그가 우리를 지옥에서 구원하고 우리의 삶을 유용한 것으로 만드시기 위해 지불하신 대가를 기억하라. 구원받은 모든 사람은 "불에서 꺼낸 거슬린 나무"(슥 3:2)이다. 목수가 각각의 나무 조각을 깨끗하게 하고 추하고 쓸모없는 모든 것들을 자르는 것과 같이, 예수님도 우리를 위해 죽으셨을 때 우리를 우리의 죄에서 깨끗하게 하셨다. 우리가 그를 믿을 때, 그는 우리를 구원하시고, 우리의 삶에 역사하셔서 우리를 마땅히 되어야 할 그 무엇으로 만들기 시작하신다.

누구의 손이 우리의 삶을 모양짓고 있는가? 사탄이 우리를 파괴하고 있는가 아니면 예수님이 우리를 빚으시고 있는가? 혹시 "나는 내힘으로 산다"고 말할지도 모른다. 그러나 "자력으로" 사는 삶은 별것이 아니다. 하나님이 보시기에, 우리는 우리 자신들 속에 우리의 삶을 성공적으로 만드는 데 필요한 것을 가지고 있지 않다. 그러나 우리가 우리의 삶을 예수님의 손에 맡길 때, 놀라우신 목수 그분이 우리를 구원하시고 우리로 무언가 상당한 것을 만드실 것이다.

그렇다. 예수 그리스도는 목수이시다. 그는 목수의 가정에서 태어나심으로 우리와 함께하셨다. 그는 목수의 일을 하러 오셨다 – 우리의 삶을 짓고 수리하여 우리로 하여금 그의 영광을 위해 아름다운 무엇이 되게 하신다. 그는 목수의 방법들을 사용하신다 – 그가 우리를 위해 가지신 계획을 오래 참으심으로 성취하신다. 그리고 이 모든 것을 가능케 하기 위해, 그는 참혹한 십자가에서 목수의 죽음을 맞이하셨다.

우리의 삶을 빚는 그 손은 상처 입은 손이며 애정어린 손이고, 숙련된 손이며 능력 있는 손이다. 그러므로 우리는 두려워할 필요가 없다. 그의 손은 무엇이든 할 수 있다. 그러나 그가 우리를 위해 하시는 일은 우리의 믿음에 의해 제한된다. "너희 믿음대로 되라"(마 9:29).

그는 하실 수 있다. 당신은 원하고 있는가?

9 우리의 보증

 우리 주님에 대한 가장 중요한 호칭 중 하나는 성경에서 단 한 번만 사용되었으나, 그럼에도 그것이 지닌 메시지는 성경 전체에 스며 있다. 그것은 히브리서 7:22에 나온다. "이와 같이 예수는 더 좋은 언약의 보증이 되셨느니라."
 이 구절은 예수 그리스도의 현재 천상의 제사장 직분에 관한 다소 복잡한 장의 바로 중앙에 있다. 오늘날 주 예수 그리스도는 천상에서 우리의 대제사장으로, 그의 백성을 위해 중보하신다. 구약의 제사장들은 죽었고 따라서 그들의 직무를 계속할 수 없으나, 우리의 대제사장은 그렇지 않다. 예수님은 영원히 사시며, 따라서 영원히 사역하실 수 있다. 히브리서 7:24은 "예수는 영원히 계시므로 그 제사장 직분도 갈리

지 아니하느니라"고 한다. 이것이 바로 그가 신자의 "보증"으로 불리시는 이유이다. 그는 영원히 살아 계셔서 하나님의 보좌 앞에서 우리를 대표하신다.

다른 이를 위해 "보증"이 되는 사람은, 대개 빚을 갚는 것과 관련하여, 그 사람에 대한 책임을 진다. 법원이 소재한 많은 도시들에 교도소가 있고, 대개 그 교도소 부근에 보석 보증서를 파는 보증인 사무소들이 있는 것을 본다. 이 사람들은 보증금을 내야 할 사람들을 위해 보증을 서주는 일을 한다. 판사가 피고에게 만 달러의 보증금을 내라고 명하면, 그 보증인은 보증서를 써주고, 피고는 그에게 그것에 대한 대가를 지불한다. 그 보증인은 그 피고를 위한 보증이 되고, 피고가 재판에 출두할 것을 법원에 보장한다. 헬라어로 그 낱말은 "다른 사람을 위해 서약하다. 담보하다. 책임을 지다"를 의미한다.

그러나 보증을 서는 것과 중보(中保)는 다르다. 예수님은 우리의 중보자이시기도 하나(히 8:6; 9:15; 12:24), 그것은 우리의 보증인이 되시는 것과는 다른 사역이다. 중보자는 서로 불화한 양편을 화해시키나, 그렇게 하기 위해 값을 지불할 의무는 없다. 보증인은 그 값이 지불될 것을 보증하는 사람이다. 그가 곧 보증이다. 우리 주 예수 그리스도는 오늘날 천상에서 우리의 보증이시다.

이제 그리스도의 보증인직이 지닌 세 가지 서로 다른 국면의 진리를 – 설명과(그것이 지닌 의미) 예시와(성경에서 그것이 나오는 곳) 적용을(그것이 오늘날 신자들에게 가지는 의미) – 살펴보자.

보증인에 대한 설명

잠언에서 솔로몬은 다른 사람을 위해, 심지어 친구나 이웃을 위해서도, 보증을 서는 것에 대해 경고한다.

> "내 아들아 네가 만일 이웃을 위하여 담보하며 타인을 위하여 보증하였으면 네 입의 말로 네가 얽혔으며 네 입의 말로 인하여 잡히게 되었느니라 내 아들아 네가 네 이웃의 손에 빠졌은즉 이같이 하라 너는 곧 가서 겸손히 네 이웃에게 간구하여 스스로 구원하되 네 눈으로 잠들게 하지 말며 눈꺼풀로 감기게 하지 말고 노루가 사냥꾼의 손에서 벗어나는 것같이 새가 그물 치는 자의 손에서 벗어나는 것같이 스스로 구원하라"(잠 6:1-5).

목회 사역을 하던 시절에, 내가 그리스도께로 인도했던 한

젊은이가 "보증" 문제로 나를 찾아와 도움을 구하였다. 회심하기 이전에 해리는 한 친구를 위해 어떤 쪽지에 서명을 하였다. 그런데 그 "친구"가 갑자기 종적을 감추었다. 나는 해리에게 그 문제에 관해 솔로몬이 쓴 것을 보여주었다. 그는 "그리스도를 모를 때에는 그런 것들에 대해서도 몰랐어요"라고 말하였다. 그러나 그것은 해리에게 예수 그리스도가 우리의 보증이 되심으로 그를 위해 무슨 일을 하셨는지를 일깨우는 기회가 되기도 하였다.

우리는 하나님께 우리가 갚을 수 없는 빚을 졌다. 우리는 그의 법을 깨뜨렸고, 그의 뜻에 반항하였으며, 그의 은사를 낭비하였고, 그의 마음을 상하게 하였다. 우리는 파산하였다. 그러나 우리와 같은 파산한 죄인들을 구원하기 위해 예수 그리스도가 이 땅에 오셨다. 사실 그는 우리를 위해 가난하게 되셨다. "우리 주 예수 그리스도의 은혜를 너희가 알거니와 부요하신 자로서 너희를 위하여 가난하게 되심은 그의 가난함을 인하여 너희로 부요케 하려 하심이니라"(고후 8:9).

예수님은 그의 탄생에서 가난하게 되셨다. 그는 하늘의 영광을 땅의 고난과 교환하셨다. 그는 그의 삶에서 가난하셨고, 특히 그의 죽음에서 가난하셨다. 그가 가난한 중에 가장 가난하게 되신 것은 우리를 부요한 중에서 가장 부요하게 만들기 위함이었다.

십자가에서 예수님은 내가 지불할 수 없는 빚을 지불하셨다. 내가 그를 믿을 때, 그는 값없이 나에게서 그 빚을 청산하시고 나의 보증이 되셨다. 예수님이 사시는 한-그런데 그것은 영원이다-그는 나의 구원을 보장하신다. 나의 보증으로서, 그는 나에게 다시 내가 잃어버린 자가 되지 않을 것을 보장하신다. "그러므로 자기를 힘입어 하나님께 나아가는 자들을 온전히 구원하실 수 있으니 이는 그가 항상 살아서 그들을 위하여 간구하심이라"(히 7:25).

너무도 자주 우리는 히브리서 7:25을 마치 그가 극도의 죄인들까지도, 아무리 그들이 악하였을지라도, 구원하신다고 말하는 것처럼 읽는다. 그것은 확실히 사실이다. 그러나 그것이 히브리서 7:25이 말하는 진의는 그것이 아니다. 예수님이 아무리 악한 죄인들이라도 구원하실 수 있으나, 히브리서 7:25은 우리에게 그가 죄인들을 "온전히" 구원하신다는 것을 말한다. 다시 말해, 그는 우리를 완전히 그리고 영원히 구원하신다. 그것은 그가 우리의 영원한 보증이시기 때문이다.

나의 구원은 나의 선행과 관련되지 않는다. 나의 구원은 나의 구세주가 십자가에서 완성하신 일에 달려 있다. 예수 그리스도가 살아 계시는 한, 나는 구원받는다. 그가 얼마나 오래 사실 것인가? 그는 영원히 사실 것이다. 왜냐하면 그는 "불멸의 생명의 능력을 따라" 오셨기 때문이다(히 7:16). 우리는 예수님이 우리의 보증이시기 때문에 온전히 구원받는다.

우리에게는 이런 보장이 필요하다. 그것은 사탄이 하나님 앞에서 성도들을 송사하며(슥 3:1-5; 계 12:10), 때로 우리 자신의 마음속에서 우리를 송사하기 때문이다. 그는 하나님께 "저 그리스도인이 한 일을 보셨습니까? 그가 방금 말한 것을 들으셨습니까?"라고 묻는다.

하나님 아버지는 "그래 내가 보았고, 들었노라"고 하신다. 사탄은 쟁론한다. "만약 우리가 거룩하신 하나님이시라면, 우리는 그를 그 죄로 정죄해야 할 것입니다."

그 때에 예수님은 "나는 그의 보증인이다. 그는 정죄될 수 없다. 왜냐하면 그가 영원히 구원받을 것을 내가 보증하기 때문이다. 내가 그를 위해 죽었을 때 나는 그의 모든 죄의 대가를 치렀다-나의 상처를 보라"고 하실 것이다.

예수님이 십자가에서 우리의 빚을 지불하셨고 하나님의 보좌 앞에 우리의 보증인으로 계신다는 사실은 우리가 죄를 지어도 된다는 것이 아니다. 하나님의 자녀임을 주장하는 사람이 누구든지 의도적으로 죄 가운데 살기를 즐기는 자는 하나님의 자녀가 아니다.

"죄에 대하여 죽은 우리가 어찌 그 가운데 더 살리요"(롬 6:2).
"그 안에 거하는 자마다 범죄하지 아니하나니 범죄하는 자마다 그를 보지도 못하였고 그를 알지도 못하였느니라 자녀들아 아무도 너희를 미혹하지 못하게 하라 의를 행하는 자는 그의 의로우심과 같이 의롭고"(요일 3:6-7).

사탄이 당신을 송사하고 당신의 양심이 당신을 정죄할 때, 당신의 죄를 주님께 고백하라. 예수님이 하나님의 보좌 앞에서 우리의 보증이신 것을 기억하라. 그는 우리의 빚을 책임지시고 우리의 구속을 위해 그 완전한 값을 지불하셨다.

보증의 예

성경은 여러 가지 교리적 진리들에 대한 많은 보기들을 보여준다. 나는 그리스도가 우리의 보증이 되시는 것을 예시하는 세 가지 사건을, 둘은 구약 성경에서 하나는 신약 성경에서 택하였다.

요셉의 형제들

요셉의 형들은 그를 미워하여 노예로 팔아 버렸으나(창 37-46), 하나님께서 이집트에서 그를 축복하여 두 번째로 높은 통치자가 되게 하셨다. 기근이 왔을 때, 요셉의 형제들은 식량을 구하기 위해 이집트에 가야 했다. 그들은 요셉을 알아보지 못하였으나 요셉은 그들을 알아보았다. 그는 그의 형제들을 회개와 화해로 인도할 계획을 세웠다.

그의 모든 형제들을 확실하게 이집트로 오게 하기 위해, 요셉은 두 가지 일을 하였다. 그는 그의 형 시므온을 인질로 잡아 두고 그들에게 시므온을 데리러 돌아올 때 그들의 막내 동생 베냐민도 데리고 올 것을 요구하였다(창 42:20). 그 야곱의 아들들은 가나안으로 돌아와 그들의 연로한 아버지에게 일어난 일을 설명하였다. 물론 야곱은 조금도 그 일을 달가워하지 않았다. 그는 그들이 베냐민을 데리고 가는 것을 거부했다. 야곱은 요셉도 잃고 시므온도 잃었는데, 베냐민까지 빼앗기고 싶지는 않았다(창 42:36-38).

이 시점에서 르우벤이 나서서 책임지고 베냐민을 돌볼 것을 약속하였다. "내가 그를 아버지께로 데리고 오지 아니하거든 나의 두 아들을 죽이소서 그를 내 손에 맡기소서 내가 그를 아버지께로 데리고 돌아오리이다"(창 42:37). 그러나 야곱은 그의 제안을 거절하였다. 무죄한 두 어린 손주들을 죽이는 것이 무슨 소용이 있단 말인가? 요셉과 베냐민과 시므온에게 그것이 무엇을 가져다 준단 말인가?

이런 상황은 기근이 악화되기 전까지는 그런 대로 괜찮았다. 그러나 이집트에서 가져온 식량이 바닥이 나면서 야곱의 가족들은 다시 굶주리기 시작하였다. 마침내 그 아들들은 베냐민을 데리고 다시 이집트로 가야 한다고 야곱을 설득하였다. 유다가 나서서 놀라운 말을 하였다. "저 아이를 나와 함께 보내시면 우리가 곧 가리니 그러면 우리와 아버지와 우리 어린 아이들이 다 살고 죽지 아니하리이다 내가 그를 위하여 담보가 되오리니 아버지께서 내 손에서 그를 찾으소서 내가 만일 그를 아버지께 데려다가 아버지 앞에 두지 아니하면 내가 영원히 죄를 지리이다"(창 43:8-9).

르우벤은 그가 베냐민을 집으로 데려오지 못한다면 그의 두 아들들을 희생시킬 것을 제안하였으나, 유다는 그 보증으로 자기 자신을 내놓았다. 얼마나 큰 차이인가. 그것이 바로 우리 주 예수 그리스도가 우리를 위해 하신 일이다. 그는 성부 하나님께 말씀한다. "나는 이 사람들의 보증입니다. 나는 그들을 위해 죽었습니다." 성부 하나님은 말씀하신다. "너는 멜기세덱의 반차를 따른 영원한 제사장이며, 나는 너를 그들의 보증으로 받아들일 것이다." 유다가 야곱에게 베냐민의 안전을 보증한 것처럼, 예수님은 그의 백성에게 그들의 안전을 보증하신다.

사탄과 대제사장 여호수아

바벨론 포로 이후 유대인의 남은 자들이 그들의 본토로 돌아왔을 때, 그들은 종종 큰 어려움들에 봉착하였다. 그것은 그들이 하나님과 그의 말씀을 신뢰하지 않았기 때문이었다. 하나님은, 그들이 그와 더불어 맺은 언약을 제대로 지키지 않았기 때문에, 그가 원하시는 대로 그들을 축복하실 수 없었다. 이스라엘은 죄 많은 민족이었고 버림받아 마땅하였다.

선지자 스가랴는 그 민족의 죄와 하나님의 용서에 관한 환상을 보았다(슥 3:1-5).

> "대제사장 여호수아는 여호와의 천사 앞에 섰고 사탄은 그의 오른쪽에 서서 그를 대적하는 것을 여호와께서 내게 보이시니라 여호와께서 사탄에게 이르시되 사탄아 여호와께서 너를 책

망하노라 예루살렘을 택한 여호와께서 너를 책망하노라 이는 불에서 꺼낸 그슬린 나무가 아니냐 하실 때에 여호수아가 더러운 옷을 입고 천사 앞에 서 있는지라 여호와께서 자기 앞에 선 자들에게 명령하사 그 더러운 옷을 벗기라 하시고 또 여호수아에게 이르시되 내가 네 죄악을 제거하여 버렸으니 네게 아름다운 옷을 입히리라 하시기로 내가 말하되 정결한 관을 그의 머리에 씌우소서 하매 곧 정결한 관을 그 머리에 씌우며 옷을 입히고 여호와의 천사는 곁에 섰더라."

대제사장은 하나님 앞에서 그 백성을 대표하기 때문에 결코 더러운 옷을 입을 수 없었다. 그의 관은 금으로 만들어졌으며 그 위에 "여호와께 성결"이라고 쓰여 있었다(출 28:36-37). 그러나 유대인의 남은 자들은 여호와께 범죄하였고, 그들은 더 이상 거룩한 백성이 아니었다. 이것이 바로 대제사장 여호수아의 상태로 표현되었다. 사탄이 하나님 앞에서 그를 대적할 수 있었던 것은 당연하였다.

그러나 여호수아는 하나님의 거룩한 보좌 앞에서 보증인을 가지고 있었다. 그는 예수 그리스도였다. 여기서 그는 여호와의 사자로 불리고 있다. 사탄은 여호수아의 오른 편에 서서 그를 송사하였으나, 예수님은 하나님의 오른 편에 서서 그 대제사장을 위한 보증인으로 행하셨다. 그 보증인 되심에 근거하여, 하나님은 그 민족을 용서하시고 그들의 대제사장을 깨끗하게 하시며 그들에게 새로운 시작을 주실 수 있었다. 이것은 요한일서 1:9에 대한 구약적 설명이다.

예수님은 그의 백성을 위한 보증이 되시기를 약속하셨으며, 그는 결코 우리를 실망시키지 않으신다. 그가 살아 계시는 한―그것은 영원하다―우리는 구원받고 안전하다. 그는 우리의 구원을 위한 값을 지불하셨고, 그 몸에 그 상처들을 지니시고 영광에 이르셨다.

> 거기에 나를 위해 구주 서 계시네,
> 그의 상처 입은 손들을 펴 보이시네,
> 하나님은 사랑이시라.
> 나는 안다네, 나는 느낀다네,
> 예수님이 잠잠히 나를 사랑하시네.
>
> 찰스 웨슬리

바울과 오네시모

이것은 그리스도의 보증인 직에 대한 아름다운 진리를 묘사하는 신약 성경의 그림이다. 이 이야기는 바울이 그의 친구 빌레몬에게 쓴 작은 편지에 나온다. 빌레몬은 바울의 인도로 그리스도를 믿게 된 자로서, 골로새에 살고 있었다. 그에게 오네시모라는 종이 있었는데, 그가 그 주인의 돈을 훔쳐 로마로 도주하였다. 그러나 하나님의 섭리로 그는 바울과 만나게 되었고, 그리스도를 믿게 되었다.

바울은 오네시모가 로마에 있으면서 그의 사역을 도울 수 있기를 원하였으나, 먼저 그가 그의 주인과의 일을 바로잡을 수 있도록 그를 빌레몬에게 돌려보내야 한다는 것을 알았다. 바울은 빌레몬이 그의 종에 대해 완전한 권리를 가지고 있는 것을 인정하면서, 그가 오네시모의 귀환을 준비하도록 이 편지를 썼다. 이 편지에서 바울은 그가 오네시모의 보증이 될 것을 약속하였다.

"그러므로 네가 나를 동역자로 알진대 그를 영접하기를 내게 하듯 하고 그가 만일 네게 불의를 하였거나 네게 빚진 것이 있으면 그것을 내 앞으로 계산하라 나 바울이 친필로 쓰노니 내가 갚으려니와…"(몬 1:17-19).

바울은 "내가 오네시모를 위한 보증이 될 것이다. 내가 그를 대신할 것이다. 네가 오네시모를 볼 때, 너는 바울을 보고 있는 것을 기억하라. 내가 그의 빚을 갚을 것이다"라고 했다.

주 예수 그리스도는 우리를 위한 하늘의 보증이시다. 그는 성부 하나님께 말씀한다. "만약 그들이 무엇이든 빚진 것이 있다면, 내가 그것을 이미 지불하였습니다. 나를 받아들이시듯이 그들을 받아들이십시오." 바로 이 은혜로 우리는 "그가 사랑하시는 자 안에서" 용납되었다(엡 1:6).

이 진리의 적용

이제 이 진리를 적용의 방법을 통해 살펴보자. 예수 그리스도가 하늘에서 우리의 보증이 되시는 것은 오늘날 하나님의 자녀에게 어떤 의미를 지니는가?

하나님의 보장

예수님이 보증이 되시는 것은 하나님이 그의 백성과 맺은 그의 구원 언약을 지키실 것을 보장한다. 하나님은 주 예수 그리스도를 통해 우리와 은혜의 언약을 맺으셨다. "이와 같이 예수는 더 좋은 언약의 보증이 되셨느니라"(히 7:22). 구원은 죄인들과 하나님 사이의 어떤 합의의 결과가 아니다. 그것은 성부와 성자와 성령 사이의 영원한 언약의 결과이다. 이 영원한 언약 때문에, 구원은 삼위일체 하나님의 각 위 모두와 관련된다(엡 1:3-14; 벧전 1:2).

히브리서의 수신자들은 그들의 성전과 의식들과 제사장들과 희생 제사들을—옛 언약에 속한 것들을—믿고 싶은 유혹을 받았다. 그러므로 저자는 말하였다. "아니오. 여러분들은 뒤를 돌아볼 필요가 없습니다. 예수 그리스도가 여러분이 필요로 하는 전부입니다. 그는 모든 것입니다. 그는 여러분의 소망이며 여러분의 구세주이며, 여러분의 주님이시며 여러분의 보증이십니다." 유대인의 대제사장은 죽기 때문에, 그는 영원한 것의 보증이 될 수 없었다. 그러나 예수 그리스도는 영원하시며 우리들에게 하나님의 언약이 확고함을 보장한다.

우리는 하나님이 그의 언약을 지키시는 것을 안다. 그에게는 거짓이 없으시며(딛 1:2), 그는 그릇된 것을 조금도 하실 수 없기 때문이다. 그러나 우리에게 우리의 구원이 확실함을 보장하시기 위해, 그는 "나의 아들이 보증이다. 그가 살아 있는 한 그 언약은 확고하다"라고 하신다.

우리의 보장

그리스도는 하나님에 대한 우리의 보장이시다. 우리는 하나님께 약속들을 하나 항상 그것들을 지키지는 못한다. 예수 그리스도는 하나님께 우리를 보장하신다. 우리는 우리 스스로를 구원할 수 없는 것과 마찬가지로 그 구원을 계속하여 지킬 수도 없다. 그러나 예수 그리스도는 하나님의 보좌 앞에서 우리를 대표하여 성부 하나님께 말씀한다. "내가 그들의 보증입니다. 그들이 무엇을 빚졌든지 내가 이미 지불하였습니다. 나를 받아들이듯이 그들을 받아들이십시오. 그들은 나의 자녀들이기 때문입니다."

바로 이 때문에 우리들은 구원을 잃지 않는다는 놀라운 보장을 갖게 된다. 우리는 하늘에 영원히 사시는 대제사장을 가지고 있다. 그는 하나님의 보좌 앞에서 우리의 구원을 위한 보증으로 서 계신다. 그는 영원히 우리의 보증이시다.

이 진리로 인해 결코 우리가 부주의해서는 안된다. 하나님은 우리가 부주의해도 되도록 보증을 하시지는 않는다. 진실로 거듭난 사람은 누구나 경건한 삶을 살기를 원한다. 오늘날 예수님이 하늘에서 우리를 위해 중보하고 계시는 이유도 바로 이 때문이다. 우리는 어느 때나 그에게 올 수 있으며, 우리가 용납되는 것을 안다. 우리는 어떤 필요를 가지고도 그에게 올 수 있으며, 그가 들으시고 응답하실 것을 안다.

유다가 그의 아버지께 말하였듯이-"내가 저 아이를 위해 보증이 되겠으며 반드시 그를 집으로 데려오겠습니다"-예수 그리스도는 우리에 대해 말씀하신다. "나는 너희의 보증이며, 너희는 나와 함께 집으로 가고 있다. 나는 너희를 위해 집을 짓고 있으며, 너희는 그곳에서 영원히 살 것이다. 왜냐하면 나는 너희의 보증이기 때문이다."

"그러므로 자기를 힘입어 하나님께 나아가는 자들을 온전히 구원하실 수 있으니 이는 그가 항상 살아 계셔서 그들을 위하여 간구하심이니라"(히 7:25). 영원히 사시는 대제사장이 우리의 영원한 보증이시며, 영원히 지켜질 더 좋은 언약의 보증이시다.

10. 알파와 오메가

우리는 이 연구들에서 예수님이 지니신 각 이름과 호칭은 그가 우리에게 베푸시는 축복임을 배우고 있다. 우리가 그를 더 잘 알면 알수록, 그는 우리를 더 잘 축복하실 수 있으며, 우리를 그가 원하시는 대로 더 잘 만드실 수 있다. 그를 아는 가장 좋은 방법 중 하나는 성경에 나온 그의 이름과 호칭들을 연구하는 것이다.

우리 주님은 말씀하셨다. "보라 내가 속히 오리니 내가 줄 상이 내게 있어 각 사람에게 그가 행한 대로 갚아 주리라 나는 알파와 오메가요 처음과 마지막이요 시작과 마침이라"(계 22:12-13).

"알파와 오메가"는 헬라어 알파벳의 처음과 끝 글자이다.

사실 영어 단어 "알파벳"은 헬라어 알파벳의 처음 두 자 "알파"와 "베타"에서 유래하였다. 그가 자신을 "알파와 오메가"로 부르실 때, 예수님은 그가 처음과 나중이며, 시작과 끝이신 사실을 선언하신다. 이 이름 "알파와 오메가"에서 우리는 주 예수 그리스도에 대해 어떤 진리를 배우는가?

예수 그리스도는 영원하신 하나님이시다

예수 그리스도는 시작이며, 끝이다. 그는 처음이며, 나중이다. 이것은 예수님이 영원하신 하나님이심을 의미한다.

만약 내가 여러분에게 "나는 알파와 오메가요"라고 말한다면, 머리를 흔들며 "이봐, 정신차리게"라고 할 것이다. 그러나 예수님이 "나는 알파와 오메가요, 처음과 나중이요 시작과 끝이라"고 말씀하시는 것은 당연하다. 그것은 그가 영원하신 하나님이시기 때문이다.

이사야 41:4에서 여호와 하나님은 선포하신다. "처음에도 나요 나중 있을 자에게도 내가 곧 그니라" 이것은 이사야 44:6과 이사야 48:12에서 동일하게 반복된다. 다시 말해, 구약의 여호와는 신약의 예수님이시다. "알파와 오메가" 호칭이 하나님께 적용되기 때문에, 이것은 예수 그리스도가 하나님이심을 의미한다. 우리 주님 자신이 요한복음 8:58에서 "아브라함이 나기 전부터 내가 있느니라"고 말씀하셨다. 골로새서 1:17은 "그가 만물보다 먼저" 계심을 말한다.

히브리서 전체에서 우리는 "영원히"란 낱말이 여러 차례 되풀이되는 것을 본다. 히브리서는 과거를 – 그들의 성전과 거룩한 도성과 제사장 제도와 희생 제사 등을 – 고수하기 원하는 사람들이 썼다. 이런 것들은 없어질 것들이었다. 사실 히브리서가 기록된 지 수 년 후에, 예루살렘과 성전과 유대의 종교 의식은 완전히 파괴되었다. 더 이상 제단도, 제사장도, 제사도 없게 되었다. 우리가 영원히 지속될 것들에 우리의 삶을 건축할 수 있는데, 왜 없어질 것들에 집착하는가?

히브리서 1:8은 그리스도의 보좌가 영원함을 말한다. 지구상의 어떤 군주도 영원한 보좌를 가지지 못하였으나, 예수 그리스도의 보좌는 영원하다. 히브리서 5:6은 말한다. "네가 영원히…제사장이라." 구약의 제사장들은 죽었으며 다른 사람이 그 자리를 대신하여야 했으나, 주 예수께는 그렇지 않다. "그가 거룩하게 된 자들을 한 번의 제사로 영원히 온전하게 하셨느니라"(히 10:14). 다시 말해, 우리는 예수 그리스도를 믿는 믿음을 통해 영원히 완전한 구원을 가진다. 또 히브리서 13:8은 "예수 그리스도는 어제나 오늘이나 영원토록 동일하시니라"고 언급하고 있다. 예수 그리스도는 변할 수 없다. 그는 영원하신 하나님이시기 때문이다. 그는 더 나은 쪽으로 변할 수 없다. 그는 이미 완전하시기 때문이다. 그는 더 나쁜 쪽으로 변할 수 없다. 거룩하기 때문이다. "알파와 오메가"란 이름은 나사렛 예수가 영원한 하나님이심을 선포한다.

만약 우리가 예수 그리스도를 우리의 구주로 믿지 않는다면, 우리는 영원한 심판 외에는 영원한 것과 무관하다(살후 1:9). 우리 주님은 말씀하셨다. "너희가 만일 내가 그인 줄 믿지 아니하면 너희 죄 가운데서 죽으리라"(요 8:24). 우리는 우리의 삶을 영원한 것과 관련지었는가, 아니면 이 세상의 변하고 유동하는 것들 위에 우리의 삶을 건축하고 있는가? 이 세상의 것은 아무것도 지속되지 않는다. 오직 하나님만이 영원하다. 우리가 예수 그리스도를 믿을 때, 우리는 영원한 구원을 얻는다.

예수 그리스도는 우리에게 하나님을 계시하신다

이 놀라운 이름이 주는 두 번째 진리는 그리스도의 사역이 우리에게 하나님을 계시한다는 사실이다. 알파벳으로 무엇을 하는가? 우리는 그것들을 사용하여 말을 만든다. 그리고 그것들을 통하여 사람들과 의사 소통을 한다. 예수 그리스도는 말씀이시다. "태초에 말씀이 계시니라 이 말씀이 하나님과 함께 계셨으니 이 말씀은 하나님이시니라 그가 태초에 하나님과 함께 계셨고"(요 1:1-2). "말씀이 육신이 되어 우리 가운데 거하시매 우리가 그의 영광을 보니…"(요 1:14). 주 예수 그리스도는 하나님의 영원하신 말씀으로, 아버지를 우리에게 계시하신다.

다시 히브리서를 살펴보자. 히브리서의 주요 주제 중 하나는 하나님이 말씀하셨으며 사람들은 그가 말씀하신 바에 대해 어떻게 할지 결정해야 한다는 것이다. 그 서신은 이렇게 시작한다. "옛적에 선지자들을 통하여 여러 부분과 여러 모양으로 우리 조상들에게 말씀하신 하나님이 이 모든 날 마지막에는 아들을 통하여 우리에게 말씀하셨으니…"(1:1-2). 그 서신의 끝부분에 이르러 그것을 말한다. "너희는 삼가 말하신 이를 거역하지 말라…"(12:25). 다시 말해 각 사람이 반드시 대답해야 하는 주된 질문은 "우리는 그 하나님의 말씀에 대해 어떻게 할 것인가?"이다.

예수 그리스도는 알파와 오메가이기 때문에, 그는 우리에게 주시는 하나님의 계시의 알파벳이다. 그 하나님의 계시의 알파벳에서, 예수님은 우리에게 말씀을 주신다. 만약 우리가 하나님을 이해하기 원한다면, 우리는 예수 그리스도를 알아야 한다. 많은 사람들은 "나는 숲 속을 걸으며 하나님에 관해 너무도 많은 진리를 얻는다"고 말한다. 그러나 자연으로부터 하나님에 관한 어떠한 것들을 배울 수는 있지만, 예수 그리스도를 떠나서는 하나님에 대한 완전한 계시를 결코 얻을 수 없다. 또 어떤 이들은 "나는 조용히 앉아 아름다운 일몰을 지켜보기를 좋아한다. 그것은 하나님에 관해 너무 많은 것을 말해 준다"고 하기도 한다. 그러나 하나님에 관해 훨씬 더 많은 것을 배우는 길은 성경을 읽으며 그의 아들 예수 그리스도의 말씀에 귀를 기울이는 것이다.

하나님은 예수 그리스도 안에서 우리에게 말씀하셨고, 예수 그리스도는 하나님의 마지막 말씀이시다. 그 어느 것도 하나님이 그의 아들을 통해 우리에게 말씀하신 것을 대신할 수 없다. 만약 우리가 하나님을 알기 원한다면, 우리는 예수 그리스도께로 와야 한다. 예수 그리스도는 알파와 오메가이며, 그의 사역은 계시의 사역이다. 그는 우리에게 하나님을 계시하신다.

예수님이 체포되고 사형되시기 전에, 최후의 만찬 자리에서 사도 빌립이 말하였다. "주여 아버지를 우리에게 보여 주옵소서"(요 14:8). 예수님은 "빌립아 내가 이렇게 오래 너희와 함께 있으되 네가 나를 알지 못하느냐 나를 본 자는 아버지를 보았거늘 어찌하여 아버지를 보이라 하느냐"라고 하셨다. 예수님은 알파와 오메가, 하나님의 은혜의 알파벳으로서, 우리로 하여금 하나님을 알고 영생을 얻도록, 우리에게 성부 하나님의 마음과 생각을 계시하신다.

예수 그리스도는 충분하시다

"알파와 오메가" 이름에서 얻는 세 번째 진리는 예수님이 영원하신 하나님이시며 우리에게 아버지 하나님을 계시하실 뿐 아니라, 그가 우리가 지닌 모든 필요를 위해 충분하다는 사실이다. 우리는 부유한 사람에 대해 "그는 A에서 Z까지 모든 것을 가지고 있다"고 말할 수 있다. 그것을 헬라어로 말한다면, "그는 알파에서 오메가까지 모든 것을 가지고 있다"가 된다. 예수님이 그가 알파와 오메가라고 말하실 때, 그 의미는 "나는 모든 것을 위해 충분하다. 아무것도 부족하지 않다. 나는 너희가 필요로 하는 전부이다"라고 말씀하고 계시는 것이다.

골로새 교회에 보낸 서신에서 바울은 "모든"이란 낱말을 적어도 23번 이상 사용한다. 골로새서 1:16은 "만물이 그에게서 창조되되", 17절은 그리스도에 대해 "또한 그가 만물보다 먼저 계시고 만물이 그 안에 함께 섰느니라", 18절은 "이는 친히 만물의 으뜸이 되려 하심이요", 19절은 "아버지께서는 모든 충만으로 예수 안에 거하게 하시고", 2장 3절은 그리스도 안에는 "지혜와 지식의 모든 보화가 감추어져" 있으며, 9절은 예수님에 대해 "그 안에는 신성의 모든 충만이 육체로 거하시고"라고 말한다.

"그것이 나에게 무슨 의미가 있는가?"라고 할 수 있다. 골로새서 2:10은 그것의 의미를 우리에게 말해 준다. "너희도 그 안에서 충만하여졌으니." 예수님이 알파와 오메가이시며 모든 것에 있어 충분하시기 때문에, 우리는 그의 충분을 나누어 가진다. 우리가 거듭날 때, 우리는 생명과 경건을 위해 우리에게 필요한 모든 것과 더불어 거듭났다(벧후 1:3).

우리가 그리스도를 우리의 구주로 믿을 때 우리는 영원한 충분과 만난 것을 아는가? 우리가 필요로 하는 모든 것을 우리는 예수 그리스도로부터 얻을 수 있다. 그는 우리에게 오셔서 말씀하신다. "네게 필요한 것이 무엇이냐? 말만 하라.

나는 알파와 오메가이며, 모든 상황에 완전하게 적절하고 모든 필요에 완전하게 충분하다." 하나님의 은혜란 바로 이런 것이다. "나의 하나님이 그리스도 예수 안에서 영광 가운데 그 풍성한 대로 너희 모든 쓸 것을 채우시리라"(빌 4:19).

어쩌면 우리는 낭패를 당하여 우리 앞에 놓인 요구들을 도저히 감당할 수 없으리란 느낌을 가질 수 있다. 만약 우리가 예수 그리스도를 우리의 구주로 안다면, 우리는 그의 충분을 의지할 수 있다. 오늘 우리에게 필요한 것이 무엇이든지, 그는 우리를 위해 그것을 적절히 채우실 수 있다. "내게 능력 주시는 자 안에서 내가 모든 것을 할 수 있느니라"(빌 4:13).

예수 그리스도는 승리하신다

이 호칭이 지닌 네 번째 교훈은 "알파와 오메가"는 예수님이 시작하신 것은 무엇이든 그가 완성하신다는 것을 의미한다는 것이다. 그는 그가 하시는 모든 일에서 승리하시며 성공하신다.

솔직히 고백하건대, 내 서류철 안에는 개요만 잡아 놓고 끝내지 못한 설교 원고들이나 시작은 하였지만 완성하지 못한 원고들이 있다. 또한 나의 서가에는 읽기를 시작하였지만 끝까지 읽지 못한 책들이 있다. 아마 우리도 우리의 사무실이나 작업장이나 차고에 "끝내지 못한 일들"을 가지고 있을 것이다. 그러나 예수 그리스도는 그가 시작하시는 모든 일을 완성하신다.

계시록은 우리에게 이 진리를 보여준다. 다음은 창세기에서 시작된 것으로 계시록에서 위대한 "완성"을 보는 몇 가지이다.

창세기	계시록
옛 하늘과 땅	새 하늘과 새 땅
아담이 신부를 얻음	그리스도가 신부를 얻음
바벨론이 건축됨	바벨론이 무너짐
사탄이 활동하기 시작함	사탄이 무저갱에 던져짐
인간이 낙원에서 쫓겨남	신자들이 낙원에 들어감
죄와 사망이 들어옴	더 이상 죄와 사망이 없음

훨씬 더 많은 것들을 나열할 수 있으나, 우리가 얻는 메시지는 이미 분명하다. 계시록은 창세기의 완성이며, 그것은 우리에게 하나님이 그의 위대한 구속 계획에서 시작하시는

일은 그가 마치시리란 것을 보장한다. 예수님은 알파와 오메가이시다.

하나님이 우리의 삶 가운데 시작하시는 일도 역시 그가 친히 마치신다. 때로 하나님이 우리를 잊으셨거나 버리신 것처럼 보일 때도 있지만, 그것은 사실이 아니다. 이집트에서 요셉은 완전히 버림받은 느낌을 가졌을 수 있었다. 그러나 하나님은 그가 시작하신 일을 완성하셔서 그를 위대한 인물로 만드셨다. 몇몇 "망명 시편들"(exile psalms)에서 다윗은 하나님이 실로 그의 약속들을 지키셔서 그를 왕으로 삼으실까 의문이 들지만, 하나님의 약속은 하나도 실패하지 않았다. 다윗은 왕이 되었다.

오늘 우리도 새 힘을 얻자 그리스도는 알파와 오메가 시작과 끝, 처음과 나중이다. 그는 실패하실 수 없다. 그가 시작하시는 일을 그는 끝마치신다. 우리가 해야 하는 일은 오직 "믿음의 주요 온전하게 하시는 이인 예수를" 계속하여 바라보는 것이다(히 12:2). 바울은 "너희 안에서 착한 일을 시작하신 이가 그리스도 예수의 날까지 이루실 줄을 우리는 확신하노라"고 말한다(빌 1:6).

"알파와 오메가"는 예수 그리스도가 영원하신 하나님이심을 선언한다. 이 이름은 우리에게 살아 계신 하나님을 우리에게 계시하는 살아 있는 말씀으로서 그의 사역을 일깨워 준다. 알파와 오메가로서 예수 그리스도는 아무것도 부족하지 않으시며, 그의 백성 모두가 그의 충분에 참여할 수 있다. 마지막으로 이 이름은 그의 승리를 말해 준다. 그것은 그가 시작하시는 일을 그가 마치신다는 사실이다. 그가 시작이며 끝이고, 처음이며 나중이기 때문에, 우리는 결코 낙망할 필요가 없다.

성령이여 임하소서
모든 상한 심령 속에.
우리로 하여금 모두 주님 안에서
유업을 물려받고,
그 둘째 안식을 찾게 하소서.
죄를 짓는 우리의 습성을 제하시고,
알파와 오메가가 되소서;
믿음의 시작과 끝이 되시사,
우리의 심령을 자유케 하소서.

찰스 웨슬리

마지막으로 나는 한 가지 제안을 하고자 한다. 예수 그리스도와 만나는 것으로 하루를 시작하고 그와 만나는 것으로 하루를 끝내라. 그로 하여금 매일 아침의 알파가 되시게 하고, 매일 저녁의 오메가가 되시게 하라. 만약 예수 그리스도가 알파로 하루를 여는 열쇠이고, 오메가로 하루를 닫는 열쇠이면, 우리는 하루 종일 그분 안에 거하며 그분의 도움과 축복을 누릴 것이다.

우리가 새로운 일을 시작할 때마다 언제든지, 그 일이 아무리 작게 보일지라도, 예수님이 시초에 함께 계시고 우리가 그의 뜻을 행하고 있음을 분명히 하라. 그리고 그 일이 끝났을 때 그의 도우심을 인하여 감사드림으로 그로 하여금 오메가가 되시게 하라. 예수님을 알파와 오메가로 모시지 않는 그 어떤 일이나 계획도 의심스러우며 하나님의 뜻에서 벗어난다.

그로 하여금 우리의 삶의 알파와 오메가가 되게 하라.

11. 어린 양

성경에서 주 예수 그리스도의 가장 탁월한 이름 중 하나는 "어린 양"이다. 그 처음부터 끝까지 성경은 예수님을 어린 양으로 제시하고 있다. 사실상 계시록에서 예수님은 적어도 스물 여덟 번을 "어린 양"으로 불린다.

우리는 하나님의 말씀이 어린 양 예수 그리스도에 관해 말하는 바를 요약해 주는 성경의 네 구절을 살펴보고자 한다.

어린 양은 어디 있나이까?

아브라함과 이삭

그 첫 번째 구절은 창세기 22:7에 나오는 질문이다. 그것은 아브라함과 이삭이 산을 오를 때 이삭이 그의 아버지 아브라함에게 던진 질문이다. "불과 나무는 있거니와 번제할 어린 양은 어디 있나이까?"

하나님은 아브라함에게 그의 사랑하는 아들 독자 이삭을 모리아 산으로 데리고 가서 거기서 그를 번제로 드리도록 지시하셨다. 이 무렵 이삭은 어린 아이가 아닌 청소년이었으며, 그는 아브라함과 사라에게 주신 하나님의 특별한 사랑의 선물이었다. 그의 이름은 "웃음"을 뜻하며, 그는 그의 부모에게 많은 기쁨을 주었다. 그런데 지금 하나님은 아브라함에게 그의 아들을 돌려달라고 요구하시고 있었고, 아브라함도 이삭도 하나님의 명령에 순종하였다.

물론 하늘에 계신 사랑이 많으신 우리 아버지는 결코 죽은 인간 제물을 요구하지 않으신다. 그는 우리가 그의 영광을 위해 "산 제사"가 되기를 원하신다(롬 12:1-2). 구약 전체를 통해 선지자들은 유대인들이 그들과 이웃한 이방 족속들을 따라 그들의 자녀들을 우상에게 제물로 바치는 것을 정죄하였다. 하나님은 이삭의 생명을 원하지 않으셨다. 그가 원하신 것은 아브라함의 마음이었다. 그것은 그가 오늘날 우리의 마음을 원하시는 것과 같다. 하나님은 아브라함이 그와 그의 약속만을 신뢰하고 이삭을 신뢰하지 않는 것을 분명히 하시기 원하셨다.

"어린 양은 어디 있나이까?"는 신자들이 구속자의 오심을 고대한 구약 시대 전체에 걸쳐 던져진 질문이다. 아브라함의 대답은 훌륭하였다. "아들아 번제할 어린 양은 하나님이 자기를 위하여 친히 준비하시리라"(창 22:8). 아브라함이 이삭을 결박하여 단 위에 올려 놓고 막 그를 죽이려 하였을 때, 하나님은 이삭을 대신할 수양을 내어 주셨다. 그리고 어느 날 갈보리에서 하나님은 우리를 대신할 어린 양을 내어 주셨다.

"어린 양은 어디 있나이까?" 이삭이 그 중요한 질문을 물었을 때, 하나님의 어린 양은 하늘에 계시면서, 그가 세상의 죄를 위해 죽으시기 위해 땅에 오실 "때가 차기"를 기다리고 있었다(갈 4:4). 그러나 하나님의 생각과 마음에서 그 제사는 이미 확정되었는데, 이는 예수 그리스도가 "창세로부터 죽임을 당한 어린 양"이시기 때문이다(계 13:8, NIV). 갈보리는 하나님의 사후 대책이 아니었다.

히브리서 11장에 따르면, 구약의 성도들도 오늘날의 성도들이 믿음으로 구원을 받는 것과 (엡 2:8-10) 마찬가지로 믿음으로 구원받았다. 오늘날 우리는 믿음으로 십자가 상에서 그리스도가 완성하신 사역을 되돌아 보지만, 구약의 성도들은 메시아의 오심을 내다보았다. 예를 들어, 아브라함은 이삭의 질문에 답할 때 모리아 산 훨씬 너머를 바라보고 있었다. 그는 갈보리 산을 바라보았다.

예수님은 "너희 조상 아브라함은 나의 때 볼 것을 즐거워하다가 보고 기뻐하였느니라"(요 8:56)고 하셨다. 바로 그 때문에, 아브라함은 "번제할 어린 양은 하나님이 자기를 위하여 친히 준비하시리라"고 대답하였다. 그 어린 양 예수 그리스도는 번제 제물일 뿐 아니라, 속죄 제물이며 화목 제물이며 속건 제물이기도 하다. 예수 그리스도, 하나님의 완전하신 어린 양은 세상의 죄를 지고 죽으심으로 구약의 모든 제사들을 성취하셨다.

이집트에서 출애굽

수세기 후에 이스라엘 민족은 이집트로 내려가 종살이로

고통을 겪다가 모세에 의해 구원되었다. 출애굽에서 어린 양은 다시 중요한 역할을 하였다. 출애굽기 12:3-5에서, 모세는 유대인들에게 유월절에 관해 지시하였다. "이 달 열흘에 너희 각자가 어린 양을 잡을지니 각 가족대로 그 식구를 위하여 어린 양을 취하되 그 어린 양에 대하여 식구가 너무 적으면 그 집의 이웃과 함께 사람 수를 따라서 하나를 잡고 각 사람이 먹을 수 있는 분량에 따라서 너희 어린 양을 계산할 것이며 너희 어린 양은 흠 없고 일 년 된 수컷으로 하되…"(출 12:3-5).

여기에 흥미로운 연속이 있다. "어린 양", 그 어린 양, 너희 어린 양, 어린 양과 우리의 관계는 반드시 개인적이 되어야 한다. 예수 그리스도가 우리의 어린 양, 죄로부터 우리의 개인적인 구주이신가? 우리는 정직하게 그가 "나를 사랑하사 나를 위하여 자기 몸을 버리셨다"고 말할 수 있는가?(갈 2:20)

도살장으로 끌려간 어린 양

모리아 산에서 하나님은 한 개인 이삭을 대신하여 죽도록 수양을 준비하셨다. 유월절에서 하나님은 한 가족을 위하여 죽도록 어린 양을 준비하셨다. 그러나 선지자 이사야는 언젠가 어린 양이 그 민족을 위해 죽을 것을 예언하였다. "그가 살아있는 자들의 땅에서 끊어짐은 마땅히 형벌 받을 내 백성의 허물 때문이라"(사 53:8). 유대교 대제사장 가야바도 아마 이것을 염두에 두고 말하였을 것이다. "한 사람이 백성을 위하여 죽어서 온 민족이 망하지 않게 되는 것이 너희에게 유익한 줄을 생각지 아니하는도다"(요 11:50).

이사야 53장은 구약 성경에서 가장 중요한 메시아 예언 장에 속한다. 그것은 메시아의 초라한 탄생과(1-2절), 질고와 슬픔의 삶과(3절), 백성의 죄를 위한 그의 희생적인 죽음을 묘사한다(4-11절). 예수님은 하늘의 군대를 명하여 그를 구하게 하실 수도 있었으나, 기꺼이 "도수장으로 끌려가는 어린 양"의 길을 택하셨다(7절).

이사야는 우리 주님의 죽음이 대속적(substitutionary)이었음을 분명히 한다. 그는 죄가 없으셨기 때문에 그 자신의 죄를 위해 죽으신 것이 아니라 우리의 죄를 위해 죽으셨다. "그가 찔림은 우리의 허물 때문이요 그가 상함은 우리의 죄악 때문이라 그가 징계를 받음으로 우리가 평화를 누리고 그가 채찍에 맞음으로 우리는 나음을 받았도다"(5절). 이 절에서 강조는 "우리의"란 낱말에 있다. 하나님은 그의 아들, 하나님의 어린 양, 예수 그리스도에게 우리 모두의 죄악을 담당시키셨다(6절).

보라 어린 양이로다

이삭이 그의 아버지에게 물었던 질문은 수세기 후에 세례 요한에 의해 대답된다. 세례 요한은 예수님을 가리켜 "보라 세상 죄를 지고 가는 하나님의 어린 양이로다"(요 1:29)라고 말하였다. 이 중요한 진술은 그 한 마디 한 마디가 우리에게 주 예수, 하나님의 어린 양과 그가 십자가에서 우리를 위해 값 주고 사신 구원에 관해 무언가를 말해 준다.

보라

요한은 사람들이 그들의 눈으로 직접 볼 수 있는 한 사람을 가리켰다. 이전 시대에 그 구속자는 여호와의 천사로, 가끔 사람들을 찾아오셨거나 또는 성전의 모형과 의식들에서 그리고 제단에 가져오는 제물들에서 계시되었다. 메시아는 선지자들의 말들에서 고난받는 종이자 영광스러운 왕으로 예언되었으며, 유대교 학자들은 이 모순을 이해하는 데 어려움을 가졌다. 어떻게 메시아는 그토록 수치스럽게 고난을 당하며 그럼에도 또 그토록 영광스럽게 다스릴 수 있을까?

그런데 이제, 그 약속된 어린 양이 혈과 육의 몸으로 그곳에 서 계셨으며 모든 사람이 그를 볼 수 있었다. 슬픈 일은 그들이 그를 알아보지 못하였다는 것이다. 요한은 그것을 지적하였다. "너희 가운데 너희가 알지 못하는 한 사람이 섰으니"(요 1:26). "자기 땅에 오매 자기 백성이 영접하지 아니하였으나"(요 1:11).

어린 양

요한은 말하였다. "보라. 어린 양이로다"(요 1:29). 유월절마다 수천 마리의 양이 도살당하였으나 그 중 어느 것도 "그 어린 양"으로 불릴 수 없었다. 유대교의 상번제에서, 아침과 저녁에 한 마리씩 적어도 두 마리의 어린 양이 죽었다. 이것에다가 백성이 가져오는 특별한 제물들과 절기 제물들을 더하면, 모세 시대에서 세례 요한의 시대까지 족히 수 백만 마리의 어린 양이 도살되었으리라 짐작할 수 있다. 그러나 요한은 구체적으로 말하였다. "보라. (그) 어린 양이로다."

예수 그리스도는 세상의 죄를 위해 단번에 영원히 제사되신 하나님의 최후의 어린 양이다. "오직 그리스도는 죄를 위하여 한 영원한 제사를 드리시고 하나님 우편에 앉으사"(히 10:12). 동물의 피가 인간의 죄를 제할 수는 없으며(히 10:1-4), 모세 율법 아래 제사된 각 동물은 단지 우리의 죄를 씻을 수 있는 유일한 제물이신 예수 그리스도를 가리켰을 뿐이다.

> 죄의 값을 지불할 만한 것이
> 전혀 없었으나;
> 오직 그가 하늘의 문빗장을 여시고
> 우리로 들어갈 수 있게 하셨다.
>
> 세실 알렉산더(Cecil F. Alexander)

하나님의 어린 양

더 나아가, 예수 그리스도는 하나님의 어린 양이시다. "보라, 하나님의 어린 양이로다."(요 1:29). 그의 아들을 보내신 이는 바로 하나님이셨다("아버지가 아들을 세상의 구주로 보내셨다" - 요일 4:14). 그러나 그가 오셨을 때, 대부분의 사람들은 그를 기대하지도 않았고 환영하지도 않았다. 일부 종교 지도자들은 그를 사탄이 보낸 자라고 말하였고, 당국자들은 그를 로마에 넘겨주어 십자가에 처형되게 하였다.

예수님은 하나님이 보내셨으나, 그럼에도 그 백성은 그를 원하지 않았다. 성경은 인간이 하나님의 선물을 거절하는 것에 대해 자주 언급한다. 유대인들은 거듭거듭 모세와 선지자들과 싸웠고, 심지어 그들을 잠잠케 하기 위해 하나님의 사자(使者)들을 죽이기까지 하였다. 예수님에 관한 모든 것이 그가 하나님에 의해 보내어진 사실을 가리킴에도 불구하고 그 자신의 백성에게 거부당하였다. 심지어 그의 친척들조차 그를 이해하지 못하였다. 예수님은 인간의 선택이 아니었다. 그는 하나님의 선택이었다. "그는 멸시를 받아 사람들에게 버림 받았으며 간고를 많이 겪었으며 질고를 아는 자라"(사 53:3).

그가 하나님의 어린 양이셨기 때문에, 그는 완전하셨다. 유월절 때, 이스라엘 사람들은 그들의 양들을 우리 안에 넣고 그들에게 흠이 있는지 없는지 상세히 살펴야 했다(출 12:5-6). 유대인들은 여호와께 불완전한 제물을 가져오면 안되었다. 주 예수 그리스도 하나님의 어린 양은 십자가로 보내지기 전에 모든 면에서 샅샅이 검사되었다. 귀신들은 그가 하나님의 아들인 것을 시인하였다. 빌라도는 "내가 보니 이 사람에게 죄가 없도다"라고 말하였다(눅 23:4). 심지어 유다도 그가 "무죄한 피"를 팔았다고 고백하였다(마 27:4). 십자가 밑에 있던 백부장은 "이는 진실로 하나님의 아들이었도다"고 말하였다(마 27:54). 주 예수 그리스도는 모든 면에서 검사되었고, 그들은 그가 "거룩하고 악이 없고 더러움이 없다"는 것을 발견하였다(히 7:26). 그는 "흠 없고 점 없는 어린 양"이셨다(벧전 1:19).

죄를 없애다

하나님의 어린 양 예수의 피는 유대인의 제물의 피와 같이 단순히 죄를 덮는 것이 아니다. 그의 피는 죄를 없앤다. 구약시대 전체에서 죄를 없앨 수 있는 피를 가진 어린 양은 없었다. "이는 황소와 염소의 피가 능히 죄를 없이 하지" 못하기 때문이었다(히 10:4).

그 제사들은 동물 제사였고, 동물의 피는 하나님의 형상으로 만들어진 인간의 죄를 씻어내지 못한다. 더 나아가 그 동물들은 자발적인 제물들이 아니었다. 그들은 강제로 제단에 끌려갔다. 어떤 양도 자원하여 죽지 않았다. 그러나 예수 그리스도가 오셨을 때, 그는 우리의 죄를 위해 제물이 되기를 자원하셨다. 그는 우리를 위해 자신의 생명을 기꺼이 내어 주셨으며(요 10:14-18), 그의 피는 죄를 없애고 완전한 용서를 가져다주었다. "내가 그들의 불의를 긍휼히 여기고 그들의 죄를 다시 기억하지 아니하리라"(히 8:12).

많은 어린 양이 아니라 한 어린 양, 인간의 어린 양이 아니라 하나님의 어린 양, 그 피가 단순히 죄를 덮는 어린 양이 아니라 죄를 없애는 어린 양인 그는 얼마나 놀라운 구세주이신가!

세상 죄를 위한 어린 양

요한복음 1:29에서 하나님의 어린 양이 세상의 죄를 없애는 점을 주목하라. 하나님의 은혜의 원이 계속하여 커지고 있다. 처음에 한 수양이 이삭을 대신하여 죽었다(참고, 창 22). 그 다음 유월절에서 이스라엘 사람들은 가구당 한 어린 양을 선택하였다(출 12). 이사야 53:7-8에서 그 어린 양은 그 민족을 위해 죽었다. 이렇게 하나님은 개인을 위해, 가족을 위해, 민족을 위해 제물을 준비하셨다. 그러나 예수 그리스도는 온 세상을 위해 제사된 어린 양이셨다.

예수 그리스도의 복음은 온 세상이 들어야 할 유일한 메시지이다. 영생의 선물은 온 세상이 받아야 하고 또 받을 수 있는 유일한 선물이다(만약 우리가 세상의 모든 사람에게 단 하나의 선물을 주어야 한다면, 그것이 무엇일까?). 그리스도인들이 선교사들을 파송하며 그들을 후원하는 이유가 바로 여기에 있다. 만약 하나님이 세상을 사랑하셔서 그의 아들을 세상을 위해 죽도록 내어주셨다면, 어떻게 우리가 그 메시지를 우리 것으로만 간직할 수 있는가?

"그가 참으로 세상의 구주시로다"(요 4:42). 그는 세상에 생명을 주시고(요 6:63), 세상의 빛으로 빛나신다(요 8:12). 그는 세상을 구원하시기 위해 오셨으며(요 12:47), 따라서 그 메시지를 온 세상에 두루 전하는 것이 우리의 책임이다(막 16:15).

어린 양이…합당하도다

어린 양 그리스도에 관한 세 번째 중요한 진술은 계시록 5:12에 나온다. "어린 양이…합당하도다"(Worthy is the Lamb). 이 장은 천상의 예배를 기록한다. 천상의 모든 성가대가 하나님을 찬양한다. "만만이요 천천의"(11절) 천사들이 큰 음성으로 "어린 양이 …합당하도다"라고 말한다(12절). 이 어린 양은 물론 예수 그리스도이시다.

계시록에서 적어도 28번 이상 예수 그리스도가 "어린 양"으로 지칭된다. 요한이 사용한 낱말은 일반적인 "어린 양"이 아니라, "작고 귀여운 어린 양"을 뜻하는 말이었다. 하늘의 예배자들이 예수님을 찬양하여 말하기를, "죽임을 당하신 어린 양은 능력과 부와 지혜와 힘과 존귀와 영광과 찬송을 받으시기에 합당하도다"고 하였다(계 5:12).

언젠가 모든 하나님의 백성은 천국 마당에 모여 함께 그 찬양을 부를 것이다. "보좌에 앉으신 이와 어린 양에게 찬송과 존귀와 영광과 권능을 세세토록 돌릴지어다"(13절). 영광과 찬송을 받으시기에 합당하신 어린 양. 그런데 만약 우리가 오늘 이 땅에서 그를 경배하고 찬양하지 않는다면, 어떻게 우리가 하늘에서 그를 찬양할 수 있는가? 아마 오늘날 교회의 가장 중대한 필요는 하나님의 백성이 하나님에 대한 진실한 예배를 회복하는 일일 것이다.

"어린 양은 어디에 있나이까?" 이것은 모든 시대의 질문이다. "보라. 하나님의 어린 양이로다"(요 1:29)라는 그 질문에 대한 답이다. "어린 양이…합당하도다"(계 5:12)는 우리의 구세주 예수에 대한 우리의 찬송이다. 우리를 위해 죽으신 주 예수를 경배하며 그를 찬양하는 것은 얼마나 큰 기쁨인가.

그러나 모든 하나님의 백성의 눈에 눈물을 가져와야 할 네 번째 진술이 아직 남아 있다.

어린 양의 진노에서 우리를 가리우라

언젠가 그 어린 양이 하늘에서 인(印)을 떼실 때, 이 땅에 심판이 임할 것이다. "땅의 임금들과 왕족들과 장군들과 부자들과 강한 자들과 모든 종과 자유인이 굴과 산들의 바위 틈에 숨어 산들과 바위에게 말하되 우리 위에 떨어져 보좌에 앉으신 이의 얼굴에서와 그 어린 양의 진노에서 우리를 가리라 그들의 진노의 큰 날이 이르렀으니 누가 능히 서리요 하더라"(계 6:15-17).

"어린 양의 진노에서 우리를 가리라"(16절). 얼마나 두려운 말인가. 우리는 어린 양을 진노와는 좀처럼 결부시키지 않는다. 어린 양을 생각할 때 우리는 연약하고 온순한 것을 생각한다. 그러나 예수 그리스도를 거부한 자들이 두려움으로 부르짖으며 어린 양의 면전에서 숨으려고 애쓸 날이 오고 있다. 하나님의 어린 양이 "유대 지파의 사자"가 되어(계 5:5) 그의 원수들에게 "포효"하며 그들을 심판하실 것이다.

계시록의 모든 것은 어린 양과 관련된다. 그 보좌는 어린 양의 보좌이며(22:1), 천상의 도성은 어린 양의 성전이다(21:22). 그 성의 빛은 어린 양이다. "어린 양이 그 등불이 되심이라"(21:23). 혼인 잔치도 어린 양의 혼인 잔치이며(19:7), 그 신부는 어린 양의 아내이다(21:9). 구원받은 자들의 이름을 기록한 그 책은 어린 양의 생명책이며(21:27), 승리한 자들이 부르는 노래 역시 모세와 어린 양의 노래이다(15:3). 우리가 천국에 이를 때, 우리는 예수 그리스도가 하나님의 어린 양이라는 사실을 피하지 못할 것이다.

오늘날 많은 종교적인 사람들이 하나님의 어린 양 예수 그리스도에 관해 듣기를 원하지 않는 것은 매우 슬픈 일이다. 그들은 예수 선생, 예수 치료자, 예수 모범자를 원하지만, 죄 많은 세상을 구원하기 위해 보혈을 흘리신 구세주 예수를 원하지 않는다. 어떤 교파들은 피가 그들의 예배에 참석하는 불신자들의 "기분을 상하게 한다"는 주장과 더불어, 그리스도의 보혈에 관한 찬송들을 찬송가에서 제외시켰다.

바울이 말한 "십자가의 거리끼는 것"이 지금도 여전히 우리에게 있으며, 우리는 타협하지 말아야 한다(고전 1:18-31). 십자가에서 죽으신 하나님의 어린 양을 제외하고, 어떻게 복음을 전할 수 있는가? 복음은 "성경대로 그리스도께서 우리 죄를 위하여 죽으시고"(고전 15:3)라고 말한다. 만약 우리가 그것을 삭제한다면 우리는 복음을 삭제하게 되는 것일 것이다.

"어린 양은 어디에 있나이까?" 그 질문은 이제 더 이상 필요치 않다. 그것은 세례 요한이 예수님을 가리켜 "보라, 하나님의 어린 양이로다"(요 1:29)라고 하였을 때 그것에 대해 답하였기 때문이다. 만약 우리가 그리스도를 믿고 그를 위해 산다면, 우리는 우리의 마음과 입술로 "어린 양이(…영광과 찬송을 받으시기에) 합당하도다"라고 말할 수 있다(계 5:12). 그러나 만약 우리가 그를 믿지 않는다면, 언젠가 우리는 말할 것이다. "어린 양의 진노에서 나를 가리라."

> 허물 많고 추하고, 무기력한 우리;
> 그는 흠 없는 하나님의 어린 양;
> "완전한 속죄" 그가 이루셨다
> 할렐루야. 그는 우리의 구세주.
>
> 필립 블리스(Philip P. Bliss)

12 맏아들

"거기 있을 그 때에 해산할 날이 차서 첫아들을 낳아 강보로 싸서 구유에 뉘었으니 이는 여관에 있을 곳이 없음이러라"(눅 2:6-7).

우리가 잘 아는 누가복음에 나오는 이 성탄 이야기는 우리 주 예수 그리스도가 지니신 또 다른 이름을 말해 준다. 그것은 "맏아들"(the firstborn)이다. 이 호칭은 신약에서 적어도 여섯 개의 서로 다른 구절에 사용되므로, 연구할 가치가 있다.

"맏아들"은 유대인들에게 중요한 낱말이었는데, 그것은 한 가족의 맏아들은 다른 형제들이 누리지 못하는 많은 권리와 특혜들을 물려받기 때문이었다. 맏아들은 장자권과 족장

의 축복과 두 몫의 기업을 받았다(신 21:15-17).[1]

성경에서 "맏아들"은 반드시 "처음 태어난 아들"을 의미하지는 않는다. 구약 성경에서 하나님은 여러 차례 장자권을 가족의 다른 사람에게 주셨다.[2] 이스마엘이 아브라함의 첫 아들이었으나 하나님은 이삭에게 기업을 주셨으며, 에서는 이삭의 첫 아들이었으나 축복은 야곱에게로 갔다. 야곱이 요셉의 두 아들을 축복하였을 때, 그는 출생 순서를 바꾸어 첫째인 므낫세가 아니라 둘째인 에브라임을 축복하였다(창 48). 다윗은 이새의 첫 아들이 아니었으나, 하나님은 다윗을 그의 아들로 삼아 그에게 이스라엘의 왕좌를 주셨다(시 89:19-29).

"맏아들"은 지위와 품위를 지닌 호칭이다. 주 예수 그리스도는 실로 마리아의 맏아들이었다. 그는 성령으로 잉태되었으며 그녀의 처녀 태에서 태어나셨다. 마가복음 6:3에 따르면, 마리아와 요셉은 정상적인 결혼 생활로 자녀들을 낳았다.[3] 그러나 우리 주님은 매우 특별한 방법으로 태어나셨다. 요셉은 예수님의 생물학적인 아버지가 아니라 양아버지였다. 마리아가 주 예수를 낳았을 때, 그는 문자 그대로 그녀의 맏아들이었으며, 그 후에 그녀는 요셉과 더불어 자녀들을 낳았다.

따라서 성경에서 "맏아들"이란 낱말은 품위와 우선의 개념을 지닌다. 맏아들은 누구든지 그 가족 중에서 매우 특별한 아들로 지정되었다. 출애굽기 4:22에서 우리는 하나님이 이스라엘 백성을 그의 장자로 지정하신 것을 읽는다. 그러므로 우리가 "맏아들"이란 낱말을 "우선, 우월, 최고"를 의미하는 것으로 생각한다면, 이 호칭을 주 예수 그리스도께 적용하는 데 문제되지 않을 것이다.

신약 성경에서 예수님을 "맏아들"로 언급하는 구절들을 면밀하게 연구할 때, 우리는 그의 인격과 사역의 서로 다른 네 국면들을 보다 잘 이해하게 된다.

"그[그리스도]는 보이지 아니하는 하나님의 형상이시요 모든 창조물보다 먼저 나신 이시니"(골 1:15)

"그는 몸인 교회의 머리시라 그가 근본이시요 죽은 자들 가운데서 먼저 나신 이시니 이는 친히 만물의 으뜸이 되려 하심이요"(골 1:18).

"하나님이 미리 아신 자들을 또한 그 아들의 형상을 본받게 하기 위하여 미리 정하셨으니 이는 그로 많은 형제 중에서 맏아들이 되게 하려 하심이니라"(롬 8:29).

"또 그가 맏아들을 이끌어 세상에 다시 들어오게 하실 때에 하나님의 모든 천사들은 그에게 경배할지어다 말씀하시며"(히 1:6).

"또 충성된 증인으로 죽은 자들 가운데에서 먼저 나시고 …"(계 1:5).

모든 피조물보다 먼저 나신 자

그는 "모든 피조물보다 먼저 나신 이"이다(골 1:15). 골로새서의 주된 주제는 예수 그리스도의 탁월성이다. "이는 친히 만물의 으뜸이 되려 하심이요"(골 1:18). 바울은 "그리스도는 만유시요 만유 안에 계시니라"고 선언한다(골 3:11).

그리스도는 탁월하시다

바울은 예수 그리스도가 구원에서 탁월하심을 분명히 한다. "우리로 하여금 빛 가운데서 성도의 기업의 부분을 얻기에 합당하게 하신 아버지께 감사하게 하시기를 원하노라"(골 1:12). "그 아들 안에서 우리가 속량 곧 죄 사함을 얻었도다" (골 1:14). 우리 주님이 구원에서 탁월하신 것은 그가 세상의 유일한 구세주이시기 때문이다.

그는 창조에서도 탁월하시다. 골로새서 1:16은 "만물이 그에게서 해 창조되었다"고 한다. 그것이 맞다면, 그 자신은 창조되지 않았다. 일부 사교도들은 예수 그리스도가 피조물이며, 피조물 중 가장 높은 자로서 영원하신 하나님은 아니라고 주장한다. 그러나 골로새서 1:16은 "만물이 그에 의해 창조되었다"고 말한다. 만물을 창조하시기 위해서는 만물 이전에 그곳에 계셨어야 하므로, 그는 피조물일 수 없다.

"하늘과 땅에서 보이는 것들과 보이지 않는 것들과 혹은 왕권들이나 주권들이나 통치자들이나 권세들이나 만물이 다 그로 말미암고 그를 위하여 창조되었고 또한 그가 만물보다 먼저 계시고 만물이 그 안에 함께 섰느니라"(골 1:16-17). 어떤 사람이 이 구절을 읽고서 예수님이 영원하신 하나님이 아니라고 결론지을 수 있는가?

예수 그리스도가 창조와 구속에서 탁월하시다면, 그는 우리의 삶과 그의 교회에서 탁월하셔야 하지 않는가? "그는 몸인 교회의 머리시라…이는 친히 만물의 으뜸이 되려 하심이요"(골 1:18).

만물의 최고

예수님이 "모든 피조물보다 먼저 나신 자"인 것은 무엇을 의미하는가? 그것은 그가 모든 피조물의 최고이심을 의미한다. "맏아들"이 우선과 우월과 최고의 개념을 지니는 점을 기억하라. 주 예수 그리스도는 그가 창조 이전에 존재하셨고 모든 것을 만드셨기 때문에, 모든 피조물보다 우월하시다. "만물이 그로 말미암아 지은 바 되었다"(요 1:3). "만물이 다 그로 말미암고 그를 위하여 창조되었고"(골 1:16), 만물이 그의 권능으로 유지된다. 이것은 그로 하여금 모든 창조물의 최고가 되게 한다.

실제적인 의미

오늘날 우리에게 왜 생태학적인 문제들이 생기는가? 우리는 수질 오염과 대기 오염과 천연 자원의 낭비와 자연의 부와 아름다움을 파괴하는 문제들을 가지고 있다. 생태학적인 문제들은 경제적인 문제들을 초래하고, 그것은 다시 정치적인 문제들을 초래하고 있다.

그런데 왜 우리에게 이런 문제들이 생기는가? 무엇보다 그것은 우리가 더 이상 창조를 믿지 않기 때문이다. 우리는 그리스도에게서 모든 창조물보다 먼저 나신 자로서 그의 탁월한 지위를 빼앗고, 지금 피조물을 조물주보다 더 경배하고 섬기고 있다(롬 1:25).

우리는 우리 자신들을 창조에서 하나님의 선물을 맡은 청지기로 여기는 것이 아니라, 지구의 주인으로 여기고 있다. 그 결과, 우리에겐 아름다움 대신에 추함과, 성장과 발전 대신 파괴, 보존 대신 낭비, 나눔 대신 욕심이 남았다. 우리는 하나님이 그의 영광을 위해 돌보고 사용하도록 주신 바로 그 땅을 파괴하고 있다.

사람들은 피조물, 즉 그들이 제조한 것들을 경배하고, 우리에게 이런 것들을 누리도록 주신 하나님을 경배하지 않는다(딤전 6:17). 예수 그리스도가 모든 창조물보다 먼저 나신 자로 그의 올바른 지위를 회복하실 때, 이런 문제들은 해결될 것이다. 우리는 피조물을 그를 영화롭게 하고 그를 섬기는 데 사용되도록 그가 만드신 것으로 여기게 될 것이다.

우리는 예수님이 다시 오시고 피조물이 굴복과 썩어짐에서 자유케 될 날을 기다린다(롬 8:18-22). 그 때 세상은 아름다움과 조화와 영광과 축복으로 가득 찰 것이다. 그것은 모든 창조물 보다 먼저 나신 자 예수 그리스도가 탁월하게 다스리실 것이기 때문이다.

우상 숭배

창조주보다 피조물을 경배하는 것은 우상 숭배이며, 성경은 우상 숭배를 정죄한다. 우상 숭배자가 된다고 해서 우리가 반드시 나무나 돌로 추한 우상을 만들고 그 앞에 엎드려 절을 하는 것은 아니다. 오히려 우리는 나무와 돌과 금속과 유리와 플라스틱과 섬유로 아름다운 우상을 만들 수 있다. 바로 집과 차, 배와 보석, 옷장과 값비싼 "수집품들", 가구와 증권, 은행 구좌와 같은 것들이다. 이것들은 오늘날 사람들을 매혹시키고 압도하는 우상으로, 그들은 그 우상들을 위해 거의 모든 것을 희생시킨다.

모든 창조물보다 먼저 나신 자 예수 그리스도, 그가 우리에게 주신 부를 사용하는 방식에 있어 그를 으뜸이 되게 하는가? 우리는 우리 자신들을 그의 은혜로운 선물들을 맡은 청지기로 여기는가? 우리는 그가 우리에게 주신 것을 다른 이들의 선과 하나님의 영광을 위해 신실하게 사용하는가? 이런 중대한 질문들에 대한 우리의 답을 통해, 우리는 예수님이 우리의 삶에서 으뜸된 자리에 계시는지 그렇지 않은지 알 수 있다.

죽은 자들 가운데서 먼저 나신 자

예수 그리스도는 모든 창조물보다 먼저 나신 자일 뿐 아니라, 그는 또 죽은 자들 가운데서 먼저 나신 자이기도 하다. 골로새서 1:18에서 바울이 그리고 계시록 1:5에서 사도 요한이 그를 이 호칭으로 부른다.

부활한 사람들 중에 가장 위대하신 분

"죽은 자들 가운데서 먼저 나신 자"는 예수 그리스도가 죽은 자들 중에 최초로 부활한 사람이었다는 것을 의미하지는

맏아들 | 213

않는다. 예수님은 최초로 부활한 사람이 아니었다. 구약 성경에서 적어도 세 사람이 죽었다가 살아났다. 과부의 아들(왕상 17:22), 수넴 여인의 아들(왕하 4:34-35), 엘리사의 무덤에 던져진 어떤 사람(왕하 13:20-21). 또 우리는 예수님이 적어도 세 사람을 죽은 데서 살리신 기록을 보는데(눅 7:14-15; 8:52-56; 요 11) 어쩌면 그는 더 많은 사람들을 살리셨을 수 있다(마 11:5).

이 호칭은 "죽은 자들 가운데서 부활한 사람들 중에 가장 높고 가장 위대하신 분"을 의미한다. 어떻게 예수님이 죽은 자들 가운데 부활한 모든 사람들 중 가장 위대하신가?

그는 스스로 부활하셨다

그는 그 자신의 권능으로 스스로 부활하셨기 때문에 죽은 자들 가운데서 살아난 사람들 중에 가장 높으시다. 우리 주님은 그 자신이 죽은 자들 가운데서 부활하실 것을 알고 계셨으며, 그는 이것을 제자들에게 알리셨다(마 16:21; 17:22; 20:17-19). 사실상 그는 스스로 부활하셨다. "내가 스스로 버리노라 나는 [나의 생명을] 버릴 권세도 있고 다시 얻을 권세도 있으니"(요 10:18). 나사로는 죽은 자들 가운데서 스스로 부활하지 않앗으며, 야이로의 딸도 나인 성 과부의 아들도 마찬가지였다. 그러나 예수님은 스스로 부활하였으며, 이것은 그를 죽은 자들 가운데서 부활한 모든 사람들 중에 가장 높으신 자가 되게 한다.

그는 결코 다시 죽을 수 없다

그가 그 자신의 권능으로 죽은 자들 가운데서 부활하셨을 뿐 아니라, 그는 또 결코 다시 죽을 수 없다. 나사로는 다시 죽었으며, 야이로의 딸, 나인 성 과부의 아들도 다시 죽었다. 그러나 주 예수는 죽을 수 없으며 또 죽지 않으실 것이다. 그는 "불멸의 생명의 능력을 따라" 사신다(히 7:16). 그는 사망을 이기셨기 때문에, 지금 하늘에서 다스리시며, 사망은 결코 그를 해하지 못한다. 그는 죽은 자들 가운데서 먼저 나신 자이며, 가장 높고 가장 위대하시다. 이는 그가 스스로 부활하셨고, 결코 다시 죽지 않으시기 때문이다.

그는 다른 사람들을 다시 살리실 수 있고 살리실 것이다

그는 죽은 자들 가운데서 스스로 부활하셨고, 언젠가 다른 사람들을 살리실 것이다. 우리는 성경에서 죽었다가 부활한

사람이 누군가 다른 사람을 죽은 데서 살린 기록을 보지 못한다. 그러나 예수님은 언젠가 돌아오셔서 그의 부활의 능력과 권세를 나타내실 것이다. 그는 신자들을 영생으로 다시 살리실 것이나, 불신자들은 영원한 심판으로 다시 살리실 것이다(요 5:24-30; 살전 4:14-18; 계 20:4-6, 11-15).

그리스도는 "사망을 폐하시고 [무력하게 하시고] 복음으로써 생명과 썩지 아니할 것을 드러내셨다"(딤후 1:10). 그리스도를 믿는 자들은 사망을 두려워할 필요가 없다. 왜냐하면 예수님이 죽은 자들 가운데서 먼저 나신 자이며 사망을 이기셨기 때문이다. 사망은 그를 묶어 둘 수 없었으며(행 2:24), 우리가 그와 함께 있도록 그가 우리를 부르실 때 사망은 우리를 묶어 두지 못할 것이다.

많은 형제 중에서 맏아들

로마서 8:29는 먼저 나신 자로서의 예수 그리스도에 대한 세 번째 언급이다. "하나님이 미리 아신 자들을 또한 그 아들의 형상을 본받게 하기 위하여 미리 정하셨으니 이는 그[그 아들]로 많은 형제 중에서 맏아들이 되게 하려 하심이니라."[4]

예수 그리스도가 오셔서 죽으신 것은 죄인들을 구하고 그를 믿는 모든 자들과 하나님의 부요를 나누기 위함이었다. 하나님은 그의 아들을 너무도 사랑하시기 때문에 그는 모든 다른 사람이 그와 똑같이 되기를 원하신다. 언젠가 우리는 예수님과 똑같아지는 기적을 경험하게 될 것이다. "사랑하는 자들아 우리가 지금은 하나님의 자녀라 장래에 어떻게 될지는 아직 나타나지 아니하였으나 그가 나타나시면 우리가 그와 같을 줄을 아는 것은 그의 참모습 그대로 볼 것이기 때문이니"(요일 3:2).

예수님은 "많은 아들들을 이끌어 영광에 들어가게" 하신다(히 2:10). 이들은 로마서 8:29의 "많은 형제들"이다. 만약 예수님이 "많은 형제 중에서 맏아들"이시라면, 그의 "가족"은 어느 날 그와 같을 것이며 영원히 그의 집에서 함께 살 것이다. 지금 그분의 모습을, 언젠가 우리도 닮을 것이다. 예수님은 죄인된 아담의 자손을 구하시기 위해 죽으신 "마지막 아담"이다(고전 15:45). 그러나 그는 또 "둘째 사람"이기도 한데(고전 15:47), 그것은 그와 같은 다른 사람들이 있을 것이기 때문이다.

교회는 "장자(長子)들의 교회"라 불린다(히 12:23). 어떤 의미에서 우리는 "두 번 태어난" 교회이다. 처음 탄생에서 우리는 하나님께 용납될 수 없었으나(엡 2:1-3), 그리스도를 믿는 믿음을 통한 우리의 두 번째 탄생 때문에, 우리는 새 성품인 신의 성품을 갖게 되었다(벧후 1:4). 우리가 예수 그리스도께 속하기 때문에, 우리는 장자들의 교회에 속하며 언젠가 우리는 그리스도의 영광에 참여하게 될 것이다. 그는 "많은 형제 중에서 맏아들"이시며, 그것은 우리가 그와 같이 될 것을 보증한다.

구약의 율법 아래서 맏아들은 다른 아들들보다 두 배의 기업을 물려받았다. 그러나 예수님은 모든 것을 물려받으셨으며(히 1:2), 그것을 그의 모든 형제들과 공유하신다.

언제 이 일이 일어날까? 히브리서 1:6이 그 답을 준다. 그 저자는 우리 주님이 다시 오실 것을 언급하고 있다. "또 맏아들을 이끌어 세상에 다시 들어오게 하실 때에 하나님의 모든 천사들은 그에게 경배할지어다라고 말씀하시며." 일부 성경 학도들은 이 구절이 베들레헴에서 그리스도의 탄생을 가리킨다고 생각하나, 나는 낱말 "다시"로 인해 그것이 예수님이 다시 오실 날과 관련된다고 믿는다. 하나님의 맏아들이 다시 오실 때, 하나님의 모든 천사들이 그를 경배할 것이다.

예수님이 처음 이 땅에 오셨을 때, 천사들이 그를 경배하고 그의 찬송을 불렀다(눅 2:8-14). 베들레헴에서 그는 굴욕과 연약으로 오셨다. 그러나 그가 다시 오실 때, 그는 영광과 권능으로 오실 것이다. 천사들이 그의 찬송을 부를 것은 당연하다. 그가 처음 오셨을 때, 그는 구유에 누운 아기였다. 그러나 그가 다시 오실 때, 그는 전능한 정복자이실 것이다. 그가 베들레헴에서 오셨을 때, 그것은 구원을 성취하기 위함이었다. 그러나 그가 다시 오실 때, 그것은 그의 원수들에 대한 정죄를 의미할 것이다. 그가 처음 오셨을 때, 그는 가시 면류관을 쓰셨다. 그러나 그가 다시 오실 때, 그는 승리의 면류관을 쓰실 것이다.

예수 그리스도는 하나님의 맏아들이시며, 그는 만물을 물려받으시고, 그것들을 하나님의 가족과 공유하실 것이다. 나는 여러분이 그를 우리의 구주로 알아 우리가 오늘 그의 기업에 참여하며(엡 1:3), 영원히 그의 영광스러운 기업에 참여할 것을 고대하는 자가 되기를 바란다.

13 임마누엘

　이제 다루려는 우리 주 예수 그리스도의 호칭은 신약 성경에서 단 한 번, 구약 성경에서 두 번 사용된 호칭이다. 신약 성경 마태복음 1:23에 구약 성경 이사야서의 인용이 나온다. "보라 처녀가 잉태하여 아들을 낳을 것이요 그의 이름은 임마누엘이라 하리라 하셨으니 이를 번역한 즉 하나님이 우리와 함께 계시다 함이라." 그리고 "임마누엘"은 이사야 8:8에도 나온다.

　이 예언은 그리스도가 태어나시기 700년 전, 아하스가 남유다 왕국의 왕으로 있을 때 예언되었다(사 7-9). 그는 경건한 왕이 아니었으며, 당시에 그는 시리아(아람)와 북 이스라엘의 강력한 연합으로 위협을 받고 있었다. 만약 아하스가 그들과 연합하여 앗시리아를 대적하지 않는다면, 르신과 베가는 유다를 공격하여 아하스를 폐위하고 그들이 원하는 자를 왕으로 삼고자 계획하였다.

그러나 이사야 선지자는 아하스 왕에게 그런 음모를 두려워하지 말고 여호와가 구원하실 것을 믿도록 격려하였다. 아하스는 겉으로는 그렇게 할 것을 말하였으나, 내밀히 그는 시리아와 이스라엘이 물리치려고 애쓰고 있는 원수 앗시리아와 동맹을 맺었다(왕하 16:5-9). 그것은 비겁하고 위선적인 행위였다.

이사야는 여호와가 이스라엘과 시리아를 패배시킬 것을 계획하고 계시기 때문에 아하스 왕에게 하나님을 신뢰하도록 격려하였다(사 7:7-9). 이사야 선지자는 왕에게 그의 믿음을 굳게 할 징조를 하나님께 구하도록 권고하였다. 위선으로 가득 찬 아하스 왕은 그것을 거부하였는데, 그것은 그의 믿음이 굳건해서가 아니라 그의 마음이 악하였기 때문이었다. 그 왕의 확신은 여호와께 있지 않고 앗시리아에 있었다. 만약 여호와께서 징조를 주신다면, 아하스는 앗시리아와 동맹을 맺을 구실을 찾지 못할 판이었다.

그러나 하나님은 어쨌든 징조를 주셨다. 그것은 아하스 왕에게만이 아니라, "다윗의 집"에(사 7:13), 즉 다윗 자손의 모

임마누엘 | **221**

든 왕들과 그들의 통치를 받는 모든 백성에게 주어졌다. 그 징조는 한 여인이 (당시 처녀) 결혼하여 잉태하고, 아들을 낳으리란 것이었다. 그 아이가 옳고 그름을 분간할 나이가 되기 전에,[1] 시리아와 이스라엘이 무대에서 사라질 것이었다. 역사는 앗시리아가 시리아를 734년에, 북 이스라엘을 722년에 정복하여 멸한 것을 기록한다. 유다의 원수들은 그렇게 멸망하였다.

이사야 시대에 결혼하여 임마누엘이란 이름의 이 "징조"가 되는 아들을 낳은 처녀는 누구였는가? 우리는 잘 알 수 없으나, 어떤 이들은 이사야의 첫 번째 아내가 죽었고, 그가 그의 두 번째 아내에 관해 쓰고 있다고 생각한다. 그러나 이것은 생각에 불과하다.[2] 그것보다 이 예언의 주된 요지는 메시아에 관한 것이다. 이사야는 마태복음 1:18-24과 누가복음 1:26-38에 기록된 대로, 예수 그리스도의 기적적인 동정녀 탄생을 예언하였다.

의로운 사람이었던 요셉은 그와 약혼한 마리아가 아기를 잉태한 것을 알았을 때 그녀와 파혼하려고 하였다. 당시의 유대 사회에서 약혼은 매우 강력한 서약에 속하였으며, 결혼과 같이 번복할 수 없는 것으로 간주되었다. 마리아가 그를 배신한 것으로 생각하면서, 요셉은 그들의 약혼을 파기하려고 결심하였다. 그러나 천사가 그에게 나타나 마리아가 그를 배신한 것이 아니며, 그녀가 성령으로 잉태된 아들을 낳으리라는 것을 말하였다. 그녀는 "아들을 낳을 것이며 그 이름은 임마누엘이 될 것이었다." "임마누엘"은 히브리어로 "하나님이 우리와 함께 계시다"를 의미한다.

예수님은 한 번도 이 이름을 사용하지 않으셨으며, 사복음서 어디에도 그는 이 이름으로 불리지 않는다. "임마누엘"은 실로 하나의 호칭으로서, 그가 누구신지를 설명한다. 이 호칭과 관련된 두 가지 매우 놀라운 진리가 있다.

예수님은 하나님이시다

"그의 이름은 임마누엘이라 하리라 하셨으니 이를 번역한즉 하나님이 우리와 함께 계시다 함이라"(마 1:23). 예수 그리스도가 하나님이 아니라 단순히 선한 사람이거나 또는 매우 경건한 스승이었다고 말하는 거짓 선생들이 있다. 그러나 신약 성경의 바로 그 시작에서부터, 예수 그리스도는 "하나님"으로 불린다. 만약 내가 나 자신을 "임마누엘"로 부르고 당신에게 하나님이라고 말한다면, 내가 미쳤다고 생각할 것이다. 그러나 마태는 "하나님이 우리와 함께 계시다"를 의미하는 그 "임마누엘" 호칭을 예수 그리스도에게 적용하였다.

예수님은 자신이 하나님이심을 주장하셨다

예수 그리스도는 자신이 하나님이심을 생명의 위협을 무릅쓰고 주장하였다. 예수님은 유대인 종교 지도자들에게 "나와 아버지는 하나이니라"고 말씀하셨다. 그 때 유대인들은 돌을 들어 그를 치려 하였다. 그들은 그에게 왜 그들이 그를 돌로 치려 하는지 이유를 말하였다. "선한 일로 말미암아 우리가 너를 돌로 치려는 것이 아니라 신성모독으로 인함이니 네가 사람이 되어 자칭 하나님이라 함이로라"(요 10:33). 그들은 "나와 아버지는 하나이니라"는 진술을 예수님이 자신을 하나님으로 주장하는 것으로 이해하였으며, 그것은 그릇되지 않았다.

다락방에서 빌립은 예수님께 말하였다. "주여 아버지를 우리에게 보여 주옵소서 그리하면 족하겠나이다." 예수님은 그에게 대답하셨다. "빌립아 내가 이렇게 오래 너희와 함께 있으되 네가 나를 알지 못하느냐 나를 본 자는 아버지를 보았거늘 어찌하여 아버지를 보이라 하느냐"(요 14:8-9). 다시 한 번 예수님은 자신이 하나님이심을 주장하셨다. 예수님을 보는 것은 하나님을 보는 것이었다.

유대인들은 빌라도에게 말하였다. "우리에게 법이 있으니 그 법대로 하면 그가 당연히 죽을 것은 그가 자기를 하나님의 아들이라 함이니이다"(요 19:7). 유대인 종교 지도자들은 예수님이 말씀하시는 바를 이해하는 데 조금도 문제가 없었다. 그들은 예수님이 자신을 하나님으로 주장하고 계신 것을 알았고, 그들에게 그것은 최고의 신성모독이었다.

예수님은 하나님으로 경배받으셨다

하나님이심을 주장하신 것에서 더 나아가, 예수님은 하나님으로 경배받으셨다. 어떤 피조물이라도 그것을 경배하는 것은 우상숭배이다. 왜냐하면 계명은 "주 너의 하나님께 경배하고 다만 그를 섬기라"(마 4:10, 신 6:13에서 인용)고 명령하기 때문이다. 예수님이 갓난 아이였을 때, 동방박사들이 와서 그를 경배하였고(마 2:11), 제자들이 배에서 그를 경배하였다(마 14:22-23). 예수님께 고침받은 나면서부터 소경이었던 사람도 그를 경배하였다(요 9:38).

예수님은 그 경배를 받아들이셨다. 이것은 그가 하나님이셨으며, 그가 자신이 하나님이신 것을 알고 계심을 뜻한다. 이 경배는 완전히 적절하였고, 그는 그것을 받으셨다. 예수님은 실로 그의 주장대로 하나님이어서 우리의 경배를 받으실 분이거나, 아니면 거짓말쟁이나 미치광이 둘 중 하나이다. 그러나 모든 증거는 예수 그리스도가 임마누엘이심을 나타낸다.

예수님은 하나님으로 불린다

신약 성경에서 여러 차례 예수님은 구체적으로 하나님으로 불린다. 몇 가지 예를 찾아보자.

요한복음 1:1에는 "태초에 말씀이 계시니라 이 말씀이 하나님과 함께 계셨으니 이 말씀은 곧 하나님이시니라"고 되어 있다. 그 "말씀"이란 호칭은 예수 그리스도를 가리키는데, 이는 요한복음 1:14에서 "말씀이 육신이 되어 우리 가운데 거하시매"라고 말하기 때문이다. 그것은 우리 주님의 성육신을 가리킨다.

요한복음 1:18에서 예수 그리스도는 하나님으로 불린다. "본래 하나님을 본 사람이 없으되 아버지 품 속에 있는 독생하신 하나님이 나타내셨느니라." 예수님이 이것을 할 수 있는 유일한 길은 그 자신이 하나님이신 것밖에 없다. 그 구절의 요지는 예수님이 하나님이시라는 것이다.

로마서 9:5에서 사도 바울은 하나님이 이스라엘 민족에게 주신 축복을 설명하면서 이렇게 썼다. "조상들도 그들의 것이요 육신으로 하면 그리스도가 그들에게서 나셨으니 그는 만물 위에 계셔서 세세에 찬양을 받으실 하나님이시니라 아멘." 디도서 2:13은 더욱 분명하다. "복스러운 소망과 우리의 크신 하나님 구주 예수 그리스도의 영광이 나타나심을 기다리게 하셨으니." 우리의 구주는 하나님이시다. 히브리서 1:8에서 우리는 성부 하나님이 성자 하나님께 말씀하시는 것을 읽는다. "하나님이여 주의 보좌는 영영하며."

베드로후서 1:1은 말한다. "예수 그리스도의 종과 사도인 시몬 베드로는 우리 하나님과 구주 예수 그리스도의 의를 힘입어 동일하게 보배로운 믿음을 우리와 같이 받은 자들에게 편지하노니." 한 분이 두 호칭을 가지셨다. "하나님과 우리 구주 예수 그리스도."

요한일서 5:20은 이 논증을 결말짓는다. "또 아는 것은 하나님의 아들이 이르러 우리에게 지각을 주사 우리로 참된 자를 알게 하신 것과 또한 우리가 참된 자 곧 그의 아들 예수 그리스도 안에 있는 것이니 그는 참 하나님이시요 영생이시라." 주 예수 그리스도는 하나님이시다.

예수님은 우리와 함께 계시는 하나님이시다

"임마누엘"이 지닌 두 번째 진리가 있다. 예수 그리스도는 영원하신 하나님이실 뿐 아니라, 그는 우리와 함께 계시는 하나님이시다. 그는 멀리 떨어져 무관심하게 계신 하나님이 아니라, 우리가 있는 곳에 함께 계셔서 우리 삶의 경험들을 나누시는 하나님이시다. 예수 그리스도가 동정녀 마리아에게서 나셔서 어린 아기로 이 세상에 오셨을 때, 그는 인성의 모든 면을 가지셨다. 그는 하나님이며 동시에 사람이시다. 그는 하나님이신데, 우리와 함께 계시는 하나님이시다.

성경에서 우리는 "내가 너와 함께 하리라"는 놀라운 약속을 자주 발견한다. 하나님은 모세에게 그 약속을 주었고(출 33:14), 모세의 후계자 여호수아에게도 주셨다. "내가 모세와 함께 있던 것같이 너와 함께 있을 것임이니라"(수 1:5 참고, 신

31:6-8). 주님은 그 동일한 약속을 우리에게도 주셨다. 마태는 그의 복음을 "하나님이 우리와 함께 계시다"로 시작하여 (1:23), 동일한 말로 그의 책을 끝낸다. "볼지어다 내가 세상 끝 날까지 너희와 항상 함께 있으리라"(마 28:20). 주 예수 그리스도는 우리의 삶의 모든 영역에서 "우리와 함께 계시는 하나님"이시다.

구원에서

그는 구원에서 우리와 함께 계시다. 그는 거룩하신 하나님으로서, 거룩하지 못한 우리와 멀리 떨어져 계시고 우리를 대적하셔야 마땅하다. 그러나 그는 구원에서 우리와 함께 계신다. 만약 우리가 그에게 우리의 마음을 연다면, 그는 들어오셔서 영원히 우리와 함께 계실 것이다. 그는 우리를 용서하시며, 우리와 교제하시고, 우리를 인도하시며, 우리의 삶에서 그의 목적을 이루실 것이다.

우리의 시련에서

예수님은 삶의 시련들에서 우리와 함께 계신다. 나는 이사야 43:2을 펴고 나 자신과 다른 이들을 격려하기 위해 얼마나 많이 이 약속을 읽었는지 모른다. "네가 물 가운데로 지날 때에 내가 너와 함께 할 것이라 강을 건널 때에 물이 너를 침몰하지 못할 것이며 네가 불 가운데로 지날 때에 타지도 아니할 것이요 불꽃이 너를 사르지도 못하리니." 이사야 43:5은 또 말한다. "두려워하지 말라 내가 너와 함께 하여 네 자손을 동쪽에서부터 오게 하며 서쪽에서부터 너를 모을 것이며."

이사야 41:10에서는 "두려워 말라 내가 너와 함께 함이라 놀라지 말라 나는 네 하나님이 됨이라 내가 너를 굳세게 하리라 참으로 너를 도와주리라 참으로 나의 의로운 오른손으로 너를 붙들리라." 우리의 상황이 어떻든지 관계 없이, 예수 그리스도는 우리와 함께 계셔서 우리를 인도하시고 우리로 승리하게 하신다.

이사야서의 이 약속들은 우리에게 다니엘의 세 친구들이 겪은 일을 기억나게 한다. 그들은 느부갓네살 왕의 명령에 불복하고 그가 만든 금 신상에 절하기를 거부하였다(단 3). 그

왕은 그 세 사람을 극렬히 타는 풀무 불 속에 던져 넣게 하였다. 그러나 그가 그들을 지켜보았을 때, 그는 심히 놀라고 말았다. 그 세 유대인들이 결박되지도 않고 상하지도 않은 채 불 가운데로 다닐 뿐 아니라, 그들과 같은 또 한 사람이 그곳에 있었다. 왕은 그 넷째 사람의 모양이 "신들의 아들과 같도다"고 하였다(단 3:25). 이 믿음의 사람들이 불 속을 통과하게 되었을 때, 예수님은 그곳에 그들과 함께 계셨다. 그는 임마누엘, "우리와 함께 계시는 하나님"이시다.

우리의 봉사에서

예수 그리스도는 우리가 그를 기쁘시게 하고 그의 뜻을 행하고자 할 때, 우리의 봉사에서 우리와 함께 계신다. "제자들이 나가 두루 전파할새 주께서 함께 역사하사 그 따르는 표적으로 말씀을 확실히 증언하시니라"(막 16:20). 그는 우리와 동행하실 뿐 아니라, 우리와 함께 역사하신다. 우리는 주님의 일을 지겨워할 수 없다. 이는 하나님을 섬기는 것은 신나는 일이며, 그를 섬길 수 있는 특권을 그가 우리에게 주신 것은 언제나 우리를 감격시키기 때문이다. 주님이 우리와 함께 일하시며 우리가 혼자 있지 않다는 것을 아는 것은 매우 유익하다.

바울이 고린도에 교회를 세우고자 할 때(행 18), 우리가 원수의 영토를 침략할 때 흔히 있는 일로, 그는 심각한 반대에 부딪혔다. 그 때 주님이 바울에게 나타나셔서 말씀하셨다. "두려워하지 말며 침묵하지 말고 말하라 내가 너와 함께 있으매…"(행 18:9).

많은 친구들이 바울을 버렸을 때조차, 주님은 바울의 사역의 최후까지 그와 함께 계셨다. 로마의 감옥에서 바울은 이렇게 기록했다: "내가 처음 변명할 때에 나와 함께 한 자가 하나도 없고 다 나를 버렸으나 그들에게 허물을 돌리지 않기를 원하노라 주께서 내 곁에 서서 나에게 힘을 주심은…"(딤후 4:16-17). 예수님은 임마누엘, "우리와 함께 계시는 하나님"이시다.

우리의 슬픔에서

그리스도는 우리가 사랑하는 누군가의 죽음으로 인한 고통스런 이별을 겪을 때, 삶의 슬픔에서 우리와 함께 계신다.

그 약속은 시편 23:4에 있다. "내가 사망의 음침한 골짜기로 다닐지라도 해를 두려워하지 않을 것은 주께서 나와 함께 하심이라…" 예수님은 삶의 슬픔에서 우리와 함께 계시며 우리에게 필요한 위로와 새 힘을 주신다.

사망은 우리의 원수이다. 왜냐하면 그것은 우리에게서 우리의 사랑하는 이들을 빼앗아 가고, 허전하고 외로운 마음을 남겨 놓기 때문이다. 어떤 이들은 그들의 상한 마음을 달래기 위해 술이나 아편이나 바쁜 소일거리나 여행 일정으로 눈을 돌린다. 그러나 그것은 단지 일시적으로 우리를 현실에서 떠나게 하고 그 고통을 연기시킬 뿐이다. 예수님이 골짜기에 있는 우리에게 오실 때, 그는 우리가 삶과 죽음의 사실들을 받아들이고 정직하게 그것들을 대면하며 믿음으로 그것들을 다룰 수 있게 하신다. 찰스 웨슬리는 그의 찬송 「비바람이 칠 때와」(Jesus, Lover of my soul)에서 이렇게 썼다.

> 나의 영혼 피할 곳 예수밖에 없으니
> 혼자 있게 마시고 위로하여 주소서
> 구주 의지하옵고 도와주심 비오니
> 할 수 없는 죄인을 주여 보호하소서

심지어 우리 자신의 죽음에서도, 예수님은 우리와 함께하실 것이다. 목회 사역을 하는 동안에 나는 사랑하는 가족을 여읜 사람들을 도운 적이 많이 있다. 종종 어떤 유가족은, 사랑하는 자가 혼자 죽었기 때문에, 극도로 슬퍼하였다. 그러나 하나님의 자녀는 누구든지 결코 혼자 죽지 않는다. 데살로니가전서 4:14에 따르면 우리의 죽은 그리스도인들은 "예수 안에서 자고 있다." 그것은 문자적으로 "예수로 말미암아 잠자고 있다"는 것을 의미한다.

헬라어 학자 케네스 우에스트(Dr. Kenneth Wuest)는 그가 신약 성경을 확대 번역한 데서 이 구절을 이렇게 번역한다. "예수의 중보 사역을 통해 잠이 든 자들을 하나님이 그와 함께 데리고 오실 것이다." 예수님은 그의 사랑하시는 자들이 죽는 바로 그 시간에 그곳에 계셔서 그들의 몸을 잠이 들게 하시고 그들의 영혼을 하늘로 데려가신다. 하나님의 자녀는 누구든지 결코 혼자 죽지 않는다.

영원히 우리와 함께

예수님은 영원히 우리와 함께 계실 것이다. 사도 요한이 거룩한 성이 하늘에서 내려오는 것을 보았을 때, 그는 큰 음성이 나는 것을 들었다. "보라 하나님의 장막이 사람들과 함께 있으매 하나님이 그들과 함께 계시리니 그들은 하나님의 백성이 되고 하나님은 친히 그들과 함께 계셔서"(계 21:3). "[그의 종들이] 그의 얼굴을 볼 터이요…다시 밤이 없겠고…"(계 22:4-5). 심지어 천국에서도, 예수님은 "임마누엘…우리와 함께 하시는 하나님"이 되실 것이다.

그러나 예수 그리스도를 거부하는 자들은 그의 영광과 사랑의 임재 가운데서 영원을 누리지 못할 것이다. "이런 자들은 주의 얼굴과 그의 힘의 영광을 떠나 영원한 멸망의 형벌을 받으리로다"(살후 1:9). "우리와 함께 계시는 하나님"을 누리는 대신에, 구원받지 못한 자들은 하나님으로부터 영원히 떠나 "우리와 분리된 하나님"을 경험할 것이다.

이생을 위해서 뿐 아니라 후생을 위해 예수 그리스도를 믿고 그와 동행하는 것이 훨씬 현명하다. 그는 임마누엘, "우리와 함께 계시는 하나님"이시다. 그는 삶의 모든 상황에서 우리와 함께 계실 것이다. 그를 믿는가?

예수 그리스도는 하나님이시다. 그를 믿고, 그를 경배하고, 우리의 가장 좋은 것을 그에게 드리라. 또 예수 그리스도는 우리와 함께 계시는 하나님이시다. 우리가 어디에 있든지, 삶에서 어떤 고난과 역경을 만나든, 예수 그리스도는 바로 거기에 계시다.

"임마누엘…하나님이 우리와 함께 계시다." 우리는 지금 그를 믿고 있는가? 우리의 모든 것을 그에게 드렸는가? 그가 우리에게 원하시는 것은 바로 이것이다. 이는 그가 우리와 함께 계시는 하나님이시기 때문이다.

14 예수

 우리가 우리의 자녀들에게 붙이는 이름은 그들의 운명을 결정 짓지 않는다. 그러나 우리 주님에게 붙여진 이름은 그의 운명에 속하였다. "천사가 이르되 마리아여 무서워하지 말라 네가 하나님께 은혜를 입었느니라 보라 네가 잉태하여 아들을 낳으리니 그 이름을 예수라 하라"(눅 1:30-31). "아들을 낳으리니 이름을 예수라 하라 이는 그가 자기 백성을 그들의 죄에서 구원할 자이심이라"(마 1:21).

 현대 사회에서, 사람들이 자신의 아들의 이름으로 택하지 않는 두 이름이 있다. 하나는 "유다"로서, 그것은 그 이름이 너무 가공스럽기 때문이며, 다른 하나는 "예수"로서, 그것은 그 이름이 너무 경이롭기 때문이다.

이제 모든 하나님의 백성에게 가장 중요한 그 경이로운 이름 "예수"를 살펴 볼 차례가 되었다.

> 귀하신 주의 이름은 참 아름다워라
> 내 근심 위로하시고 평강을 주시네
> 주님은 반석이시요 내 방패되도다
> 그 은혜 무한하시니 바다와 같도다
>
> 존 뉴턴(John Newton)

때로 그 이름 "예수"는 참람하게 사용되기도 한다. 때로 그것은 의미없이 부주의하게 불려진다. 그러나 "예수"는 매우 특별한 이름이다. 나는 그 이름 "예수"의 경이로움을 이해하는 것을 돕는 네 가지 사실을 나누고자 한다.

하늘에서 주어진 이름

그 이름 "예수"는 마리아가 아기를 잉태하기 전에 천사가 지시한 것으로, 하늘에서 주어진 이름이었다. 아기가 태어나면 언제나, 그 부모는 아기의 이름을 지어야 한다. 나의 한 친구는 닷새나 걸려서 겨우 마지막 자녀의 이름을 지어, 병원을 당황하게 한 적이 있다. 주 예수님에게는 그런 문제가 없었다. 왜냐하면 그 이름이 하늘에서 주어졌기 때문이었다.

첫째, 그 천사는 그 이름을 그 어머니 마리아에게 주었다 (눅 1:31). "보라 네가 잉태하여 아들을 낳으리니 그 이름을 예수라 하라." 마리아는 하나님의 약속을 믿었고 하나님의 뜻이 이루어지도록 성령께 완전히 자신을 의탁하였다. "주의 여종이오니 말씀대로 내게 이루어지이다"(눅 1:38).

그리고 나서 그 이름은 예수님의 양아버지 요셉에게 주어졌다. 요셉은 마리아가 범죄한 것으로 생각하여 그녀와 절연하기로 마음먹었으나, 하나님이 그에게 말씀하셨다. "다윗의 자손 요셉아 네 아내 마리아 데려오기를 무서워하지 말라 그에게 잉태된 자는 성령으로 된 것이라 아들을 낳으리니 이름을 예수라 하라 이는 그가 자기 백성을 그들의 죄에서 구원할 자이심이라"(마 1:20-21).

때로 성경의 역사에서, 특별한 아기들은 여호와로부터 직접 그들의 이름을 받았다. 하갈이 아브라함에게서 낳은 아들은 그 이름이 "이스마엘"이었으며(창 16:11), 아브라함과 사라의 아들 "이삭" 역시 그 아기가 태어나기 전에 하나님께서 이름을 주셨다(창 17:19). 하나님은 사가랴와 엘리사벳에게 그들의 아들을 "요한"으로 부르도록 지시하셨고(눅 1:13), 그 아들은 우리가 아는 대로 "세례 요한"이었다.

더구나 예수 그리스도는 하늘에서 오셨기 때문에, 그 하나님의 아들의 이름은 하늘에 계신 그의 아버지가 지으시는 것이 마땅하다. 그는 요셉에게서 난 아들이 아니었다. 그는 성령으로 마리아에게 잉태되었다. 그는 하늘에서 보냄을 받으신 것이다.

요한복음에서 예수님은 자주 하늘에서 오신 것에 관해 그리고 성부 하나님에 의해 보내심을 받은 것에 관해 말씀하셨다. 이 세상에 태어나는 모든 아기는 그 전에 결코 존재하지 않았었다. 그러나 예수님이 이 세상에 오셨을 때 그는 이미 영원 전부터 존재하셨고, 따라서 그의 탄생은 여느 아기의 탄생과 달랐다. 그는 하늘에서 아버지의 보냄을 받아 오셨으며, 따라서 그의 이름은 하늘에서 주어졌다.

그는 오직 하늘만이 할 수 있는 일을 하러 오셨다. 그것은 사람들을 그들의 죄에서 구원하는 것이다. "하나님이 세상을 이처럼 사랑하사 독생자를 주셨으니 이는 그를 믿는 자마다 멸망하지 않고 영생을 얻게 하려 하심이라 하나님이 그 아들을 세상에 보내신 것은 세상을 심판하려 하심이 아니요 그로 말미암아 세상이 구원을 받게 하려 하심이라"(요 3:16-17). 아무도 자신을 구원할 수 없기 때문에, 구원은 주님께 속한다.

또 그의 이름이 하늘에서 주어진 것은 언젠가 그가 그의 백성을 데리고 하늘로 돌아갈 것이기 때문이다. "내 아버지 집에 거할 곳이 많도다 그렇지 않으면 너희에게 일렀으리라 내가 너희를 위하여 거처를 예비하러 가노니 가서 너희를 위하여 거처를 예비하면 내가 다시 와서 너희를 내게로 영접하여 나 있는 곳에 너희도 있게 하리라"(요 14:2-3). 예수님의 이름은 하늘에서 주어진 이름이었다.

역사상 가장 큰 이름

그 이름 예수는 역사상 가장 큰 이름이다. "예수"는 "여호와는 구원이시다"를 의미하는 "요수아" 또는 "여호수아"의 헬라어 어형이다. 유대 역사에서 두 명의 위대한 인물이 이 이름을 가졌다.

정복자 여호수아

여호수아는 모세의 수종자였다가(출 24:13; 민 11:28) 후에 모세의 계승자가 되었다(민 27:18-20). 여호수아는 이스라엘 백성을 이끌어 약속의 땅으로 들어가 그들의 원수를 물리치고 그들의 기업을 확립하였다. 그의 원래 이름은 "구원"을 의미하는 "호세아"였으나(민 13:8), 모세가 그것을 "여호와는 구원이시다"를 의미하는 "여호수아"로 바꾸었다(민 13:16).

모든 역사를 통해, 유대인들은 그들의 아들들을 "여호수아"로 부르기를 기뻐하였다. 이는 그 이름이 영웅의 이름이기 때문이었다. 그 이름은 위대한 과거를 되돌아보게 할 뿐 아니라, 그들에게 여호와가 그의 백성 이스라엘을 구속하시고 그들의 왕국에서 그들을 세우실 위대한 미래를 상기시키기도 하였다.

그러나 "여호수아"란 이름은 그보다 훨씬 더 중요한 의의를 지닌다. 히브리서 4:8에 따르면, 여호수아는 우리 주 예수 그리스도를 가리킨다. 우선 여호수아가 모세의 뒤를 이었으며, 모세가 아니라 여호수아가 그 백성을 이끌어 그들의 기업의 땅에 들어갔다. 모세는 율법을 대표하나, 여호수아는 은혜로 오는 승리를 대표한다. "율법은 모세로 말미암아 주어진 것이요 은혜와 진리는 예수 그리스도로 말미암아 온 것이라"(요 1:17). 모세는 약속의 땅에 들어가기를 원하였으나 하나님은 허락하지 않으셨다. 그것은 여호수아가 그들을 가나

안으로 인도하고 그 원수를 정복할 것이라 예정되어 있었기 때문이었다.

율법은 우리에게 우리의 기업을 줄 수 없다. 율법을 지킴으로써 하나님이 이생에서 우리를 위해 예비하신 기업에 들어가는 것은 불가능하다. 그 "안식"은 오직 예수 그리스도를 믿는 믿음으로만 얻을 수 있다. 모세가 아니라, 여호수아가 그 백성을 인도하여 그들의 안식에 들어가게 하였다(히 3:1-4:16). 우리에게 안식을 주시는 이는 예수님이시다. 그는 우리의 여호수아이시다. 이는 그가 최후의 원수 사망까지 포함하여 우리의 모든 원수를 정복하셨기 때문이다(고전 15:26). 우리가 예수님을 우리의 구주로 알 때, 우리의 "구원 기업"에 들어갔으며, 그를 통해 "모든 신령한 복을" 누린다(엡 1:3).

그러나 하나님의 모든 자녀는 하나님이 부여하신 특별한 기업을 가지고 있다. 그것은 하나님과 그의 백성을 섬기고 잃은 자를 찾도록 그가 우리에게 주신 은사와 자원들을 사용하는 것과 관련된다. "하나님이 자기를 사랑하는 자들을 위하여 예비하신 모든 것은 눈으로 보지 못하고 귀로 듣지 못하고 사람의 마음으로 생각하지도 못하였다 함과 같으니라 오직 하나님이 성령으로 이것을 우리에게 보이셨으니"(고전 2:9-10).

우리는 종종 이 구절을 하늘에 적용하지만, 나는 바울이 지금 이곳 땅에서 이루어지는 우리의 삶에 관해 쓰고 있다고 믿는다. "우리는 그의 만드신 바라 그리스도 예수 안에서 선한 일을 위하여 지으심을 받은 자니 이 일은 하나님이 전에 예비하사 우리로 그 가운데서 행하게 하려 하심이니라"(엡 2:10).

여호수아서를 읽을 때, 우리는 하나님이 모든 계획들을 그의 백성을 위해 성취하신 것을 본다. 여호수아가 해야 했던 일은 오직 하나님의 명령을 받아 믿음으로 순종하는 것뿐이었다. 그렇게 하였을 때, 언제나 승리하였다. 두 번의 사건에서 여호수아는 명령을 기다리지 못하고 하나님보다 앞서 달렸는데, 결과는 부끄러운 패배뿐이었다(수 7-10). 그가 하나님의 명령을 받고 그것에 순종하였을 때만, 이스라엘 백성은 원수를 이기고 그들의 기업을 확립하였다.

예수 그리스도는 우리의 여호수아—"여호와는 구원이시다"—이시다. 여호수아 1장에서 하나님이 여호수아에게 말씀하신 것은 확실히 오늘날 우리에게도 적용된다. 우리는 하나님의 말씀을 먹어야 하며 그것을 묵상하고 그것에 순종해야 한다. 여호수아는 그가 죽기 전에 백성에게 "너희 하나님 여호와께서 너희에게 대하여 말씀하신 모든 선한 일이 하나도 틀리지 아니하고 다 너희에게 응하여 그 중에 하나도 어김이 없었음"을 상기시켰다(수 23:14). 하나님은 결코 실패하지 않으시기 때문에, 우리는 그의 약속을 신뢰할 수 있다.

대제사장 여호수아

구약 성경에서 이 이름을 가진 두 번째 유명한 사람은 대제사장 여호수아였다(에 2:2; 3:2, 8; 5:2; 학 1:1; 2:2; 슥 3; 6:9-15). 여호수아는 유대인들의 남은 자가 바벨론을 떠나 본토로 돌아와 성전을 지을 당시의 대제사장이었다. 스룹바벨은 총독이었으며, 선지자들은 학개와 스가랴였다.

선지자 스가랴는 대제사장 여호수아에게 이전의 유대 역사에 결코 없었던 일을 행하였다. 그는 여호수아의 머리에 면류관을 씌웠다(슥 6:9-15). 모세 율법 하에서 제사장은 왕이 될 수 없었으며, 왕은 제사장이 될 수 없었다. 웃시야 왕이 제사장이 되려 하였을 때, 하나님은 그를 치셔서 문둥병자가 되게 하셨다(대하 26:16-21).

그러나 대세사장 여호수아는 왕이신 동시에 제사장이신 우리 주 예수 그리스도의 모형이다. 히브리서의 주요 주제 중 하나는 예수님이 아론과 같은 제사장이 아니라, 왕인 동시에 제사장이었던 멜기세덱과 같은 제사장이라는 것이다(창 14:18-24; 히 5:10; 6:20; 7-9장).

멜기세덱은 구약에서 창세기 14:18-24과 시편 110:4에서만 언급된다. 성경에는 그의 조상이나 그의 죽음이 기록되어 있지 않으며, 이 점에서 그는 우리의 하늘 왕-제사장이신 예수 그리스도의 모형이다. 아론 자손의 제사장들은 결코 왕이 아니었으며, 그들이 죽으면 다른 사람이 그 자리를 대신하였다. 그러나 그리스도의 제사장직은 아론으로부터 유래하지 않는다. 그것은 멜기세덱으로부터 유래한다. 그러므로 그는 왕인 동시에 제사장이며, 그의 제사장직은 영원히 끝나지 않는다.

장군 여호수아와 대제사장 여호수아는 유대 역사에 위대한 두 인물이었다. 그들은 우리에게 그 이름 "예수"가 역사상에서 위대한 이름인 것을 알게 한다.

영광스러운 이름

사실 세 번째 "예수"는 존귀하고 영광스러운 이름이다. 일세기에 "예수"("여호수아"의 헬라어 어형)란 이름이 유대인들 사이에 흔한 이름이었을지라도, 2세기 후에 그것이 더 이상 사용되지 않은 것은 매우 흥미롭다. 이스라엘 사람들은, 주후 70년 예루살렘이 멸망한 후에 각지로 흩어졌을 때, 그 이름을 쓰기를 원치 않았다. 그것이 예수 그리스도가 그 이름을 가졌고 유대인들은 그가 그 이름을 더럽혔다고 생각했기 때문이었는가? 예수님은 당시의 모든 다른 "예수"와 구분하여 "나사렛 예수"로 통하였다.

빌라도는 "나사렛 예수 유대인의 왕"이란 패를 써서 십자가 위에 붙였다. 유대인들이 "여호수아"란 위대한 이름이 십자가 위에 붙여진 것을 보는 것을 상상해 보라. 그러나 우리 주님은 그 이름을 취하셔서 그것을 가장 높은 하늘에까지 올렸다. "이러므로 하나님이 그를 지극히 높여 모든 이름 위에 뛰어난 이름을 주사 하늘에 있는 자들과 땅에 있는 자들과 땅 아래 있는 자들로 모든 무릎을 예수의 이름에 꿇게 하시고 모든 입으로 예수 그리스도를 주라 시인하여 하나님 아버지께 영광을 돌리게 하셨느니라"(빌 2:9-11).

예수는 실로 존귀하고 영광스러운 이름이다. 우리는 그 이유를 아는가? 그것은 예수 그리스도가 우리의 가장 큰 필요-죄로부터의 구원과 죄에 대한 승리-를 채우시기 때문이다. 오직 그만이 이 필요를 채우실 수 있다. 이것을 하기 위해 그는 가장 큰 대가를 지불하셨다. 그는 십자가에서 죽으시고 부활하신 다음, 하늘로 돌아가셔서, 지금 우리를 위해 중보하신다. 그는 우리를 위해 가장 위대한 선물, 영원히 지속된 선물을 마련하셨다. 그렇다. 그 이름 예수는 하늘에서 주어졌고, 역사상에 위대하였으며, 존귀하고 영광스러운 이름이다.

은혜로운 이름

넷째, 그것은 은혜로운 이름이다. 사람들이 그 이름 "예수"를 들을 때마다 그들은 그것이 의미하는 바를 알았다. "여호와는 구원이시다." 예수님은 "잃어버린 자를 찾아 구원하려고" 오셨다(눅 19:10).

마가복음 10:46-52에서, 소경 바디매오는 길가에 앉아 구걸을 하고 있었다. 그는 많은 사람들이 지나가는 소리를 들었는데, 그 소란이 무언가 여느 때와는 다른 것을 느꼈다. 그는 물었다. "무슨 일이요? 누가 지나가오?" 사람들이 대답하였다. "나사렛 예수가 지나가고 있소." 다시 말하면, "구원"이 지나가고 있었다. 그 이름에 용기를 얻어, 바대매오는 소리질러 말하였다. "다윗의 자손 예수여 나를 불쌍히 여기소서"(막 10:47). 사람들은 그를 잠잠케 하려 하였으나 그는 더 소리질렀다. "다윗의 자손이여 나를 불쌍히 여기소서." 우리 주님은 멈추어 서셔서 그를 부르셨다. 그는 예수께로 가서 고침을 받고 구원을 얻었다. 그 이름 예수는 그를 부르는 모든 자들에게 도움을 주는 은혜로운 이름이다.

십자가에 못박힌 강도는 예수님의 머리 위에 붙은 팻말을 보았다. "나사렛 예수, 유대인의 왕"(마 27:37). 그 이름 "예수"는 그에게 소망을 주었고 그 강도는 예수님을 믿음으로 낙원에 들어갔다.

주 예수는 은혜로 도우신다. 그 이름 예수를 통하여 우리는 구원을 얻을 수 있다. 예수님의 이름으로 우리는 기도한다. 예수 그리스도의 이름으로 우리는 악한 자를 이길 수 있다. 아무도 예수님이 하실 수 있는 일을 할 수 없다. 이는 "천하 사람 중에 구원을 받을 만한 다른 이름을 우리에게 주신 일이 없기" 때문이다(행 4:12).

예루살렘의 종교 지도자들은 사도들을 막아서 예수의 이름으로 설교하고 가르치는 것을 금하고자 하였으나 실패하였다(행 4:1-22). 베드로와 요한은 예수의 이름으로 앉은뱅이를 고쳤는데(행 3:6), 이것으로 적어도 이천 명이 구원을 얻게 되었다(행 2:41; 4:4). 이 사건은 예수는 죽은 것으로 사람들이 믿기를 원하였던 종교 지도자들을 분노하게 하였다. 그래서 그들은 베드로와 요한을 위협하여 그들을 잠잠케 하려 하였으나, 베드로가 그들에게 말하였다. "우리는 보고 들은 것을 말하지 아니할 수 없다"(행 4:20).

위대한 이름들이 오고간다. 그러나 예수의 이름은 영원히 남는다. 마귀는 여전히 그것을 미워하고 세상은 여전히 그것을 반대하나, 하나님은 여전히 그것을 축복하시고, 우리는 여전히 그 이름을 주장할 수 있다. "예수의 이름으로"는 기도의 문과 하나님의 은혜의 보고(寶庫)를 여는 열쇠이다. 그것은 원수를 멸하는 무기이며, 우리의 희생과 봉사를 유발하는 자극제이다. 그것은 우리의 마음과 입으로 그를 기뻐하며 찬송케 하는 이름이다.

> "…모든 무릎을 예수의 이름에 꿇게 하시고 모든 입으로 예수 그리스도를 주라 시인하여 하나님 아버지께 영광을 돌리게 하셨느니라"(빌 2:10-11).

> "이름이 거룩히 여김을 받으시오며"(마 6:9).

| 후 기 |

우리의 이름은 무엇인가?

우리는 주 예수 그리스도의 몇몇 이름들에 대해 살펴보았다. 이제 그 다음 질문은 이것이다. 우리의 이름은 무엇인가?
하나님은 한밤중에 야곱과 씨름하실 때, 그에게 그것을 물으셨다. "야곱은 홀로 남았더니 어떤 사람이 날이 새도록 야곱과 씨름하다가…그 사람이 그에게 이르되 네 이름이 무엇이냐 그가 이르되 야곱이니이다"(창 32:24, 27). "야곱"이란 이름은 "찬탈자"를 의미하며 원하는 것을 얻기 위해 간계와 속임수를 쓰는 것을 함축한다. 그리스도가 우리를 위해 예비하신 모든 것을 누리기 위한 첫 번째 단계는 그에게 우리가 실제로 누구인가를 시인하는 것이다. 우리의 이름은 무엇인가?
거짓말쟁이인가, 싸움꾼인가, 반역자인가, 위선자인가, 겁

쟁이인가, 미워하는 자인가?

우리의 이름은 무엇인가? 지금 당장 그것을 주님께 내놓으라. 위선으로는 아무것도 얻지 못한다. 그 다음 그에게 우리의 현재 모습을 용서해 주시기를 구하고, 그리스도 안에서 우리가 마땅히 되어야 할 모습으로 그가 우리를 만드시기를 그에게 말씀드리라. 우리 자신을 위해 그리스도의 인격과 그가 하신 모든 일을 믿음으로 주장하라.

우리 모두는 때로 삶에서 우리가 마땅히 가져야 할 것으로 생각되는 것을 얻기 위해 어떤 역할들을 떠맡는다. 삶은 무미건조하다. 그래서 우리는 즐거움을 얻기 위해 구경꾼이나 연예인의 역할을 떠맡는다. 그러나 실제로 우리에게 필요한 것은 예수 그리스도이다. 이는 그의 이름이 기묘자로, 그 이름은 삶의 권태를 제거하기 때문이다.

삶은 복잡하고, 우리는 수많은 결정을 내려야 한다. 그래서 우리는 얼마간 삶의 의미를 얻기 위해 어떤 역할을 맡는다. 그러나 우리에게 실제로 필요한 것은 예수 그리스도이다. 이는 그의 이름이 모사로, 그 이름은 삶의 결정들을 지도하기 때문이다.

삶은 많은 것을 요구한다. 어떤 사람들은 이 강요적인 세상에서 성공하기 위해 폭군의 역할을 떠맡고, 다른 사람들은 포기하고 노예나 도구나 심지어 병자들이 되고 만다. 그러나 우리에게 필요한 것은 예수 그리스도이다. 이는 그의 이름이 전능하신 하나님으로, 그 이름은 삶의 요구들을 처리하기 때문이다.

  삶은 좁고 제한적이다. 우리는 마치 관 속에 갇힌 듯한 느낌을 가진다. 때로 우리는 반발하여 우리의 경험의 영역을 확장하고자 노력한다. 때로 우리는 그 싸움을 포기하고 우리의 작은 세상 속에 은거한 채, 독수리처럼 날아야 할 때 개미처럼 기어다닌다. 우리에게 필요한 것은 예수 그리스도이시다. 이는 그의 이름이 영존하시는 아버지 영원의 조성자로, 이것은 삶의 차원들을 관할하기 때문이다.

  삶은 훼방으로 가득하다. 밖에는 싸움이 있고, 안에는 두려움이 있다. 평강이 없다. 수많은 열린 문들이—도피, 오락, 술, 성, 마약, 과로 등—일종의 평안으로 우리를 손짓하여 부른다. 우리는 이것 저것을 해보며 평강을 찾기를 원한다. 그러나 우리에게 필요한 것은 예수 그리스도이다. 이는 그의 이름이 평강의 왕으로, 그것은 삶의 불안들을 제거하기 때문이다. "주께서 심지가 견고한 자를 평강하고 평강하도록 지키시리니 이는 그가 주를 신뢰함이니이다"(사 26:3).

  우리의 이름은 무엇인가? 야곱은 하나님께 그의 이름(과 부끄러움)을 시인하였고, 하나님은 그의 이름을 바꾸어 주셨다. 그는 야곱에게 말씀하셨다. "네 이름을 다시는 야곱이라 부를 것이 아니요 이스라엘이라 부를 것이니 이는 네가 하나님과 및 사람들과 더불어 겨루어 이기었음이니라"(창 32:28).

하나님은 우리의 이름을 바꾸실 수 있다. 예수님은 안드레의 형제에게 말씀하셨다. "네가 요한의 아들 시몬이니 장차 게바라 하리라 하시니라(게바는 번역하면 베드로라)"(요 1:42).

하나님께 우리가 어떤 사람인지 말씀드리라. 그리고 그분을 믿으라. 그에게 복종하라. 우리의 삶의 주권을 그분에게 맡기라. 우리가 그렇게 할 때, 우리는 그분이 어떤 분인지 알게 될 것이다. 그분은 기묘자, 모사, 전능하신 하나님, 영존하시는 아버지, 평강의 왕이시다. 그리고 그분의 모든 것을 우리가 누리게 될 것이다.

우리의 삶의 주권이 그분에게 있는가?

| 주 |

제4장

1) Henry F. Lyte, "Abide With Me", verse 2.

제6장

1) 사실 요나와 나훔은 갈릴리에서 나왔다. 요나는 스불론의 가드헤벨 출신이며(왕하 14:25) 나훔은 엘고스 출신인데(1:1), 두 곳 다 전통적으로 갈릴리 지방에 속한 것으로 알려져 있다.

2) 이사야 4:2, 예레미야 23:5와 33:15, 스가랴 3:8과 6:12에는 메시아 예언과 관련된 "가지" 낱말로 다른 히브리어(체마)가 사용되고 있다. D. A. 카슨은 "동시에 그것은 이사야 11:1의 네체르(가지)를 조심스럽게 암시할 수도 있다…"고 하였다(Expositor's Bible Commentary,

Frank E. Gaebelein, editor; vol 8, p. 97). 그러나 마태는 성취에 대해 썼으며, 그것은 구체적인 예언들과 관련된다.
3) Metropolitan Tabernalce Pulpit, vol. 27, p. 672.

제7장
1) 예수님이 믿음을 그 당시 사람들이 알기로 가장 작은 씨였던 "겨자씨"에 비유하셨을 때(마 17:20), 그가 말씀하신 것은 그 씨의 작음이 아니라 그 씨 안의 역동적인 생명이었다. 살아 계신 하나님을 믿는 산 믿음은 자라고 그 자체를 표현하는 역동적인 힘이다. "겨자씨" 믿음은 생동적이며 역동적인 믿음이다.

제12장
1) 이 법은 엘리사가 엘리야에게 그의 영감의 갑절을 주도록 요구한 것을 설명한다(왕하 2:1-15). 그는 엘리야의 맏아들로 대우받기를 요구했던 것이다. 그러나 그가 원한 것은 영적인 유업이지 물질적인 것은 아니었다.
2) 종종 하나님은 출생 순서를 조정하셔서 먼저 난 자들보다 어린 자들을 선택하셨다. 이스마엘이 아브라함의 맏아들이었으나 하나님은 이삭을 선택하였고, 에서가

이삭의 맏아들이었으나 하나님은 그 기업을 야곱에게 주셨다. 야곱이 요셉의 두 아들을 축복할 때도, 그는 어린 자 에브라임을 므낫세보다 앞세웠다(창 48). 다른 두 언급은 히브리서 11:28(애굽에서 장자)와 히브리서 12:23에(장자 교회) 나온다.

3) 그리스도의 지상 사역 당시에, 그의 이복 형제들은 그를 믿지 않았다(요 7:1-9; 시 69:8; 마 12:46-50). 그러나 그의 부활 이후, 그들은 신자들이 되었다(행 1:14).

4) 성경에서 예정은 그 자신의 백성을 위해 어떤 일들을 성취하시기 위한 하나님의 지혜로운 계획을 설명한다. 그것들은 예수 그리스도와 같이 미리 예정되었는데(롬 8:29), 에베소서 1:5은 그것을 "자기의 아들들이 되게 하심"으로 부르고, 로마서 8:18-23은 예수님이 다시 오실 때 그것이 이루어질 것을 말한다. 우리가 하나님의 영광스러운 기업에 참여하는 것도 예정되어 있다(엡 1:5; 벧전 1:3-4).

제13장

1) 일부 해석자들은 이것을 "그가 열 두 살에 율법의 아들이 되기 전에"를 의미하는 것으로 본다.

2) 이사야의 처음 두 아들들이 그 민족에 대한 "징조"였던 사실은 그 어머니가 선지자의 아내였다는 것을 입증할 수 있다(사 7:3; 8:1-4). 어떤 이들은 이사야 7:14-17과 8:1-4에서 어떤 유사점을 본다. 그러나 이사야 시대에서 탄생은 동정녀 탄생이 아니었다. 그 여인은 그 예언이 주어질 당시에 처녀였으나, 그 아들은 자연적인 방법으로 잉태되었다.